Teletrabajo. Herramientas y rentabilidad. FCOI29

Natividad García Bravo

ic editorial

Teletrabajo. Herramientas y rentabilidad. FCOI29
© Natividad García Bravo

1ª Edición

© IC Editorial, 2025

Editado por: IC Editorial
c/ Cueva de Viera, 2, Local 3
Centro Negocios CADI
29200 Antequera (Málaga)
Teléfono: 952 70 60 04
Fax: 952 84 55 03
Correo electrónico: iceditorial@iceditorial.com
Internet: www.iceditorial.com

ISBN: 978-84-1184-865-7
Depósito Legal: MA 835-2025

Impresión: PODiPrint
Impreso en Andalucía – España

Nota de la editorial: IC Editorial pertenece a Innovación y Cualificación S. L.

Especialidad formativa

Se entiende por especialidad formativa la agrupación de contenidos, competencias profesionales y especificaciones técnicas que responde a un conjunto de actividades de trabajo enmarcadas en una fase del proceso de producción y con funciones afines.

Las especialidades formativas de Uso General, Formación Complementaria, Formación Modular y las especialidades formativas dirigidas a la obtención de certificados de profesionalidad se incluyen en el Fichero de Especialidades del Servicio Público de Empleo Estatal para su gestión en todo el territorio nacional por cualquier Administración competente.

Las especialidades complementarias, pertenecen todas a la Familia profesional de Formación Complementaria (FCO) y tienen la consideración de formación transversal en áreas que se consideran prioritarias tanto en el marco de la Estrategia Europea para el Empleo y del Sistema Nacional de Empleo como en las directrices establecidas por la Unión Europea. Se consideran áreas prioritarias las relativas a tecnologías de la información y la comunicación, la prevención de riesgos laborales, la sensibilización en medio ambiente, la promoción de la igualdad, la orientación profesional y aquellas otras que se establezcan por la Administración competente.

Las especialidades de Certificado de profesionalidad tienen una duración especificada en su normativa reguladora.

En el resultado de la búsqueda, se muestran las unidades de competencia, todos los módulos formativos con su duración y las unidades formativas del certificado correspondiente, con su duración. Las horas del certificado, exclusivo de las especialidades de certificado de profesionalidad, con alta igual o superior a 2008, son las horas totales más las horas del módulo de Prácticas Profesionales no Laborales.

- ➲ **Si la especialidad tiene unidades formativas,** las horas totales, presencial, distancia, teleformación serán igual a la suma de esas horas de las unidades formativas de los distintos módulos, sin que se repita ninguna Unidad formativa.

➲ **Si la especialidad no tiene unidades formativas,** las horas totales, presencial, distancia, teleformación serán igual a las sumas de esas horas de los módulos formativos, eliminando las horas de los módulos repetidos.

https://sede.sepe.gob.es/especialidadesformativas/RXBuscadorEFRED/BusquedaEspecialidades.do

(Fuente: Servicio Público de Empleo Estatal)

Índice

Unidad de aprendizaje 3
Gestión eficaz del teletrabajo

OBJETIVOS GENERALES

Los objetivos generales del **Teletrabajo. Herramientas y rentabilidad. FCOI29,** son los siguientes:

- ⮱ Uso y manejo de las herramientas necesarias para favorecer el teletrabajo, gestionando el tiempo y planificando las tareas de manera eficaz.
- ⮱ Comprender los fundamentos y los conceptos clave del teletrabajo, así como sus implicaciones y beneficios tanto para los empleados como para las organizaciones, con el fin de fomentar su adopción y desarrollo de forma efectiva.
- ⮱ Establecer las condiciones organizacionales necesarias para implementar y gestionar exitosamente el teletrabajo, utilizando para ello las herramientas tecnológicas que se precisen.
- ⮱ Aplicar estrategias que permitan gestionar de manera efectiva el teletrabajo, con el fin de optimizar la productividad y el rendimiento.

Caracterización del teletrabajo

Contenido

Objetivos

Los objetivos generales de esta Unidad de Aprendizaje son:

→ Comprender los fundamentos y los conceptos clave del teletrabajo, así como sus implicaciones y beneficios tanto para los empleados como para las organizaciones, con el fin de fomentar su adopción y desarrollo de forma efectiva.

Los objetivos específicos de esta Unidad de Aprendizaje son:

→ Identificar las características del teletrabajo y los requisitos básicos para llevarlo a cabo.

→ Describir los rasgos y las cualidades que empresas y trabajadores deben tener para realizar teletrabajo de forma eficaz.

→ Reconocer las ventajas y desventajas del teletrabajo.

1. Introducción

Actualmente se puede apreciar cómo el **teletrabajo ha experimentado un importante incremento.** Esto se debe principalmente a la necesidad que surgió de adoptar esta modalidad durante la pandemia de COVID-19. A medida que desde el Gobierno se iban imponiendo medidas de confinamiento y distanciamiento social, las empresas se vieron obligadas a implantar el teletrabajo para poder seguir manteniendo su actividad y, al mismo tiempo, preservar la salud de todos sus empleados.

El teletrabajo, durante este período, ha supuesto que las personas han tenido que **realizar las tareas laborales desde sus casas** fuera de la oficina tradicional y, para eso, han necesitado internet y las tecnologías de la información y la comunicación (TIC). Gracias a la red y las **herramientas de comunicación y colaboración** disponibles, como los espacios y documentos en la nube, las herramientas de videoconferencias, el correo electrónico, la mensajería y los chats en línea, así como las herramientas para la gestión de proyectos, ha sido posible llevar a cabo esa adaptación.

Pero ¿estaban las empresas preparadas para dar este paso?, ¿tenían las competencias digitales necesarias para adaptarse a ese gran cambio?, ¿qué ha ocurrido tras la pandemia?

A lo largo de esta unidad verás la evolución que ha seguido el teletrabajo y la situación actual, sus características y las condiciones necesarias para su implantación, así como las ventajas y los inconvenientes que tiene tanto para la empresa como para los trabajadores.

Para ello, conocerás el caso de Create System, una empresa de desarrollo de *software* que adoptó esta modalidad durante la pandemia y, tras esta, volvió al trabajo tradicional. Ahora, debido a las peticiones de las personas que trabajan en ella, han decidido replantearse su modelo de trabajo.

2. Concepto de teletrabajo

 **HILO CONDUCTOR**

Create System es una empresa de desarrollo de *software* que adoptó el teletrabajo durante la pandemia, pero fue todo un caos: descoordinación, falta de

Continúa en página siguiente >>

<< Viene de página anterior

comunicación, retrasos, etc., y es que no contaban con las estrategias y las directrices adecuadas para afrontar ese reto.

Ahora, tras las peticiones de las personas que trabajan en ella, han decidido replantearse su modelo de trabajo, pero quieren hacerlo bien, con las condiciones adecuadas y trabajadores formados y preparados para ello.

El **teletrabajo** es una modalidad laboral en la que los empleados llevan a cabo sus tareas profesionales desde casa o cualquier otro lugar **fuera de la oficina tradicional.** Esto implica trabajar de forma remota, utilizando las tecnologías de la información y la comunicación (TIC) para mantener la conexión con la organización y colaborar con el resto del equipo de manera efectiva.

El **teletrabajo o trabajo en remoto** no es algo nuevo, pero, en los últimos años, habrás podido observar cómo este se ha incrementado y son muchas las empresas que, actualmente, han adoptado este modelo o un modelo híbrido.

Pero ¿sabes exactamente cómo se implanta y cuáles son sus características?

El teletrabajo ha ido evolucionando al mismo tiempo que lo ha ido haciendo la tecnología.

A continuación, verás en qué consiste, la evolución que ha seguido a lo largo de los años y las características que debe tener para que su implantación sea un éxito.

3. Evolución del teletrabajo

Aunque esté tan de actualidad, **no es un concepto nuevo**, existe desde la segunda mitad del siglo XX, sin embargo, sus características no son las mismas que en sus inicios... ¿sabes cómo **ha ido evolucionando**?

⮕ **Años 70** – Inicio del teletrabajo:

- En 1973, el físico estadounidense Jack Nilles, durante la crisis del petróleo, propuso que los trabajadores realizaran sus tareas desde casa para reducir el consumo de combustible.
- En estos años, internet estaba comenzando su andadura y los trabajadores ni siquiera usaban ordenadores personales. Por lo tanto, no era viable técnicamente, ya que **no se disponía de la tecnología necesaria**.

⮕ **Años 90** – Extensión del uso de la tecnología:

- El uso de **internet** ya estaba extendido, así como el de los **ordenadores personales,** por lo que muchas empresas, principalmente en EE. UU., empezaron a implantar este modelo contando ya con el componente tecnológico necesario para ello.
- Además del teléfono, ya se utilizaba también el **correo electrónico** para comunicarse (Hotmail nació en 1996), por lo que su uso en el teletrabajo en estos años es esencial. Este se caracterizaba por el **individualismo,** la realización de las tareas en solitario, con el uso del correo para la resolución de dudas o envíos de documentación.

⮕ **Años 2000** – Fomento del teletrabajo:

- Las autoridades comenzaron a **fomentar el teletrabajo,** por ejemplo, mediante mejoras fiscales para aquellas empresas que lo aplicaran. En España, se puso en marcha el **Plan Concilia** en 2006, con el objetivo de conciliar la vida laboral y familiar del personal funcionario, que contempla, entre otras medidas, la posibilidad de flexibilizar un tercio de su jornada laboral.
- En estos años, ya prácticamente todo el mundo tenía acceso a **internet y a un ordenador personal de sobremesa o portátil**. Además, al uso de correo electrónico se le unió el uso de la **mensajería instantánea** (*Skype* nació en 2003).
- El teletrabajo se transforma y pasa a ser más **social y colaborativo,** al ser habitual estar en contacto en todo momento con el equipo de trabajo a través de las herramientas de mensajería.

➲ **Pandemia 2020** – Imposición del teletrabajo:

  ➊ Con la pandemia de COVID-19 y las medidas impuestas por el Gobierno, el teletrabajo experimentó un gran auge, ya que las empresas se vieron **obligadas a implantarlo.**

  ➊ En ese momento, la existencia de toda clase de **herramientas de comunicación y colaboración** *online,* como las aplicaciones de mensajería, videoconferencia, paneles de gestión de tareas, etc., hicieron más fácil para las empresas adoptar este modelo y que este adquiriera un carácter totalmente **cooperativo.** La telepresencia, la comunicación en directo, el trabajo simultáneo y la colaboración instantánea que muchas de estas herramientas hacen posible es, sin duda, clave en el teletrabajo tal y como se concibe desde ese momento hasta la actualidad.

4. El teletrabajo en la actualidad

☞ **HILO CONDUCTOR**

Iker es uno de los trabajadores que ha solicitado la modalidad de teletrabajo. Su pareja por fin ha conseguido el trabajo de sus sueños, el que lleva persiguiendo toda su vida, por lo que han decidido mudarse a otra ciudad y, aunque no está demasiado lejos, el desplazamiento diario a la oficina sería excesivo, agotador.

La empresa confía en él, lleva trabajando ahí muchos años y están contentos con su labor, por lo que quieren que siga trabajando con ellos, no quieren perder ese talento, pero necesitan un tiempo para prepararlo todo: plan de teletrabajo, equipo necesario, infraestructura en la nube, etc.

Como has visto, las **características del teletrabajo** a lo largo de los años han ido evolucionando a medida que lo ha hecho la tecnología disponible. En la **actualidad,** se caracteriza por lo siguiente:

Uso de la tecnología
- Hoy en día, sea cual sea la naturaleza del trabajo que se realiza, para llevarlo a cabo de forma remota es necesario hacer uso de las tecnologías existentes, ya sea para el desarrollo concreto de este *(software* específico, programas ofimáticos, etc.) o para la comunicación con la organización (chat, videoconferencia, correo electrónico, redes sociales, etc.), y todo ello implica, obligatoriamente, una conexión a internet.
- Para todo esto, además, es necesario contar con los dispositivos y equipos tecnológicos que permitan la realización del trabajo (infraestructura de acceso a la red, ordenador, tableta, *smartphone,* etc.).

Trabajo en la nube
- Actualmente, la mayoría de las empresas hacen uso del *cloud computing* o informática en la nube, especialmente aquellas personas que trabajan en remoto. Consiste en utilizar servidores *online* para trabajar, almacenando en ellos la información e incluso usando los recursos de los que disponen para crear la documentación directamente, sin necesidad de tener programas instalados en el ordenador.
- Para acceder a todas las posibilidades que la nube ofrece, es necesaria la conexión a internet.

Flexibilidad horaria y geográfica
- El teletrabajo permite que las personas que lo realizan puedan hacerlo desde cualquier lugar, siempre y cuando dispongan de un equipo y conexión a internet, por lo que disponen de total flexibilidad geográfica.
- Además, en la mayoría de los casos, el teletrabajo también permite flexibilidad horaria, de modo que las personas trabajadoras puedan adaptar y conciliar sus horarios en todos los aspectos de su vida. Aunque esto no siempre es así, hay empresas que exigen el cumplimiento de un determinado horario e, incluso, tienen mecanismos específicos para su control.

Compromiso de las personas trabajadoras
- El éxito del teletrabajo radica, sin duda, en el compromiso que las personas que se acogen a él demuestran. Para el teletrabajo, más allá de los requisitos tecnológicos o las condiciones que la empresa establezca, las personas que lo realizan deben tener una serie de requisitos que les permitan llevarlo a cabo con éxito, como la capacidad para organizarse de forma autónoma, el compromiso con la organización y la responsabilidad con el cumplimiento de sus objetivos y la buena marcha del proyecto.

Continúa en página siguiente >>

<< Viene de página anterior

Confianza de la empresa o la persona empleadora
- Una de las características esenciales del teletrabajo es la confianza de la empresa en sus trabajadores. Esta debe huir de mecanismos de control rígidos que hagan que las personas se sientan en todo momento vigiladas y controladas, ya que, de este modo, no trabajarán con tranquilidad y compromiso, sino sintiéndose observadas y obligadas a ello.
- Por el contrario, las empresas deben dar un voto de confianza y cierta flexibilidad a los trabajadores, persiguiendo el cumplimiento de objetivos y fomentando la comunicación. Así, se creará un buen clima de trabajo que dará lugar a una mayor productividad.

Estas características del teletrabajo hacen que las propias empresas y las personas que trabajan en ellas tengan que contar, a su vez, con una serie de **cualidades y rasgos específicos** que hacen que este se lleve a cabo de forma satisfactoria, ya que, en muchos casos, como ha ocurrido durante la pandemia, ni las empresas ni los trabajadores están preparados para adoptar este modelo y su implantación acaba siendo un fracaso.

Las **características que deben tener las empresas y las personas** que trabajan en ella son estas:

1. **Empresas:**

   ◊ **Disponer de medios tecnológicos.** Las empresas deben disponer de **recursos tecnológicos** para dotar a sus empleados de los medios necesarios para el teletrabajo:

      ◊ **Espacios en la nube:** deben contar con espacios en los que poder trabajar de forma remota.
      ◊ **Espacios de comunicación y gestión:** deben contar con herramientas comunes con las que poder comunicarse y realizar otras tareas de gestión (correo, mensajería, intranet, etc.).
      ◊ **Equipos:** deben poner a disposición de los empleados ordenadores portátiles, pantallas, cables, periféricos y demás equipamiento necesario para el desarrollo de las tareas.
      ◊ *Software:* los equipos deben tener disponibles los programas necesarios para el desarrollo del trabajo, ya sea porque estén instalados con sus correspondientes licencias de uso o porque se disponga de herramientas y espacios de trabajo en la nube, así como de suscripciones o acceso a aplicaciones en línea.

◔ **Tener políticas de protección y seguridad.** Con el teletrabajo, aumenta la preocupación por la **ciberseguridad,** ya que la conexión a redes externas, la exposición de los equipos y otros factores pueden hacer que la información y los datos manejados se vean expuestos, con los riesgos y amenazas que eso conlleva.

En este sentido, las empresas deben establecer políticas de teletrabajo en cuanto a seguridad, protección de datos, etc., y deben formar a quienes desempeñen su trabajo en remoto para el desarrollo de buenas prácticas en ese sentido.

◔ **Contar con un plan de teletrabajo.** Implantar el teletrabajo no es sencillo, en muchos casos puede que los empleados se sientan desorientados, perdidos, solos ante tareas difíciles, etc., y que esto afecte a su desempeño y su productividad. Por eso no es suficiente con dotarlos de los medios técnicos necesarios, las empresas también deben dotar a sus empleados de medios y estrategias de apoyo y comunicación para evitar que se sientan aislados y paralizados ante su labor. Deben otorgarles recursos que permitan sentirse integrados en el equipo de trabajo y en la empresa en general.

Para ello, deben contar con un **plan de teletrabajo** en el que se establezcan unas pautas para los procesos que se llevan a cabo en la empresa: *onboarding,* comunicación, soporte, reuniones, etc.

◔ **Confiar en las personas.** Este es un aspecto esencial. Si los empleados perciben que la empresa tiene confianza en ellos, en su desempeño, en su capacidad y su voluntad de realizar el trabajo, entonces se creará un **clima de trabajo óptimo** en el que las personas se sentirán identificadas con los valores de la empresa y también sentirán que deben devolver esa confianza y se esforzarán al máximo para cumplir con sus tareas y responsabilidades.

2. **Trabajadores:**

   ◔ **Ser competentes digitalmente.** Las personas que desempeñen su trabajo en remoto deben disponer de un **alto nivel de competencias digitales** para poder llevar a cabo sus tareas, ya que las TIC serán un elemento esencial en el desarrollo de estas.

   Pero, al hablar de competencias digitales, no se trata solo de saber manejar un programa en concreto, sino de tener las habilidades necesarias para **usar la tecnología de forma efectiva,** siendo capaces de cubrir las necesidades que vayan apareciendo y usando alternativas a las habitualmente empleadas si es necesario, aprovechando así las funcionalidades que ofrece la tecnología de una manera **segura, responsable, crítica** y adaptada al contexto.

   ◔ **Ser responsables.** El teletrabajo implica responsabilidad por parte de los empleados. Estos deben ser capaces de conocer la globalidad del proyecto y el lugar que ocupan en él para poder **organizarse de**

forma efectiva y así cumplir sus objetivos y asegurar el correcto desarrollo de los procesos.

- **Tener autonomía.** Tener la **capacidad para organizarse autónomamente** es imprescindible para el desempeño del teletrabajo, ya que la persona es **responsable** de sus tareas y el cumplimiento de sus objetivos, puesto que no tiene a nadie pendiente en todo momento de cómo va desarrollando las tareas. Es por esto por lo que debe ser **proactiva y capaz de tomar decisiones** que permitan un desarrollo eficaz del proyecto, además de aportar valor añadido a este.

- **Respetar las normas y principios de la empresa.** La empresa, al implantar el teletrabajo, debe establecer unas **normas para el desarrollo de los procesos,** garantizar la seguridad y la protección de datos, la integración de los empleados en el entorno de la organización, etc. Estas pautas están cuidadosamente elaboradas y pensadas para conseguir una finalidad en concreto, por lo que es importante seguirlas para que todo se desarrolle según lo previsto, sin malentendidos ni riesgos para ninguna de las partes.

  En caso de no estar de acuerdo con alguna de las pautas establecidas, hay que hablarlo y negociar ese aspecto con la empresa al inicio de los trabajos (por ejemplo, el grado de flexibilidad horaria).

 ACTIVIDAD COMPLEMENTARIA

1. ¿Has trabajado alguna vez en remoto? ¿Crees que reúnes las características necesarias para realizar tus labores en esta modalidad de forma productiva? Reflexiona sobre las cualidades que son necesarias e identifica aquellas que posees y las que necesitas adquirir o mejorar.

5. Modalidades de trabajo en remoto

👉 HILO CONDUCTOR

En Create System han tenido malas experiencias con el trabajo en remoto durante la pandemia, no estaban preparados para ello.

Continúa en página siguiente >>

<< Viene de página anterior

Aunque disponían de tecnologías y medios técnicos para la implantación, la cultura de la empresa no estaba preparada para ese gran salto, así que ahora se están preparando para ello, contemplando distintas posibilidades, y Marta, la gerente, ha pensado en empezar su andadura con un modelo híbrido.

Aunque pueda parecer que hoy en día todo el mundo, tanto empresas como trabajadores, cuenta con los medios tecnológicos necesarios y la capacidad para usarlos, así como con la actitud flexible propia del trabajo en estos entornos, no siempre es así, y esto ha hecho que muchas de las empresas que adoptaron el teletrabajo durante la pandemia se encontraran con procesos fallidos con los que ni las empresas ni los empleados estaban satisfechos.

Así, muchas de esas organizaciones han **regresado a un enfoque más tradicional** con una mayor presencia en el lugar de trabajo, otras han optado por implementar un **modelo híbrido** que combina el trabajo remoto con la presencia en la oficina y otras han continuado con el **teletrabajo,** aplicando mejoras en su implantación.

A continuación, puedes ver las características de cada modalidad de trabajo en remoto:

◐ **Modelo híbrido.** Este modelo consiste en **alternar el trabajo en remoto con el trabajo presencial,** pudiendo hacerse de diferentes modos:

  ◑ **Flexibilizar parte de la jornada laboral:** de este modo, se acudiría a la oficina solo en determinadas franjas horarias, por ejemplo, por la mañana.
  ◑ **Alternar días de trabajo presencial y remoto:** de esta forma, se acudiría a la oficina solo determinados días de la semana, por ejemplo, lunes y viernes.
  ◑ **Asistir según preferencias y necesidades:** en este caso, serían los empleados los que decidirían qué días o en qué horario ir a las instalaciones de la empresa en función de sus necesidades o preferencias. Por ejemplo, los viernes de cada semana de 12:00 a 14:00 para la reunión de seguimiento semanal del equipo.

  En el caso de adoptar un modelo híbrido, los trabajadores deben disponer de todos los medios para realizar el trabajo desde casa o el lugar que decidan y de acceso a todas las herramientas colaborativas disponibles en línea.

➲ **Modelo teletrabajo.** Este modelo consiste en realizar **siempre el trabajo en remoto,** desde un lugar distinto a la oficina. Existen distintas posibilidades:

◉ **Teletrabajo propiamente dicho:** la persona que lo realiza está contratada por la empresa, forma parte de su plantilla y cuenta con un equipo informático en casa para el desarrollo de sus tareas, así como acceso a todos los espacios de trabajo y las herramientas colaborativas en línea disponibles.
◉ **Colaboraciones externas:** con esta modalidad, la persona se autoemplea y ofrece su trabajo como *freelance* o autónomo, haciendo su trabajo desde casa y entregándolo según lo pactado, ya sean paquetes cerrados, mediante entrega final, por plazos, etc. En todo momento es responsable de la finalización del trabajo y el cumplimiento de sus objetivos. Es común en profesiones como traducción, periodismo, diseño gráfico, etc.

Trabajar bajo esta modalidad no impide ir algún día **de forma puntual a la oficina** o asistir a cualquier otro evento que la empresa organice.

 SABÍAS QUE...

En muchas empresas, el trabajo en la oficina se desarrolla igual que el trabajo en remoto, aunque las personas se encuentren físicamente en las instalaciones de la empresa: las tareas y las comunicaciones se hacen desde el ordenador, con herramientas telemáticas, las mismas herramientas que se usan en el teletrabajo (correo electrónico, documentos en la nube, etc.).

 **APLICACIÓN PRÁCTICA**

En muchos casos, son los empleados los que deciden cómo trabajar, según sus preferencias personales o necesidades en cada momento. ¿Sabrías identificar cuál es la modalidad que mejor se adapta a cada situación?

Continúa en página siguiente >>

<< Viene de página anterior

a. **Persona que cuando está trabajando en casa tiene muchas interrupciones por parte de sus familiares, por lo que termina alargando la jornada laboral y no puede cumplir sus objetivos.**
b. **Persona que en casa no se concentra porque hay demasiado silencio y se siente muy sola, necesita socializar, hacer un descanso con los compañeros para el café, etc., aunque vive demasiado lejos de las instalaciones de la empresa y acaba agotada por el desplazamiento diario.**
c. **Persona que se dedica a la redacción y necesita concentración para poder escribir, pero en la oficina siempre hay demasiado jaleo.**

Solución

En el caso de una persona a la que no dejan trabajar en casa por las constantes interrupciones, teniendo como consecuencia que acabe agotada por tener que alargar la jornada laboral y, aun así, no cumple sus objetivos, la mejor opción es el trabajo presencial, así puede dedicar tiempo exclusivo al trabajo sin que la molesten, siendo, de este modo, más productiva y no sintiéndose fatigada.

En el caso de una persona que en casa no se concentra porque necesita socializar y estar en contacto con los compañeros, pero acaba cansada con tanto desplazamiento, el trabajo híbrido es perfecto, porque puede evitar ese cansancio al no tener que ir a la oficina a diario y, al mismo tiempo, puede ir los días que necesite esa socialización más directa. El resto de los días puede usar las herramientas de comunicación *online* para mantener el contacto con el resto del equipo.

Para una persona que necesita concentración para poder realizar su trabajo y en la oficina no logra tenerla, lo ideal es el teletrabajo. Así podrá disponer del entorno idóneo y las condiciones que requiere para el desempeño de su labor.

6. El futuro del teletrabajo

☞ HILO CONDUCTOR

Marta ha decidido adoptar un modelo híbrido, pero dando libertad a los trabajadores para que sea cada departamento el que se organice según sus necesidades y preferencias.

Continúa en página siguiente >>

<< Viene de página anterior

De este modo, haciéndolos partícipes de esa toma de decisiones, confía en que el clima laboral será el mejor posible para que los empleados estén satisfechos y cómodos en la empresa.

Aunque el teletrabajo en la actualidad se va afianzando, presenta ciertos desafíos y su consolidación en el futuro dependerá de diversos factores, como el **tipo de trabajo,** las **preferencias de los empleados** o la **actitud y consideración de la empresa** hacia estos.

En el caso de que la naturaleza del trabajo permita su ejecución en remoto y los empleados así quieran realizarlo, las empresas deberán encontrar la manera de implantarlo, para lo que se contemplan dos posibles caminos:

Teletrabajo basado en la confianza y el cumplimiento de objetivos
- Para entender el teletrabajo de esta forma, las empresas **deben dejar a un lado el miedo a perder el control directo sobre los trabajadores,** entender que no hay que estar encima y vigilándolos constantemente para que cumplan con sus tareas y asuman responsabilidades. Es más, las nuevas tecnologías ofrecen muchas herramientas que permiten conocer el estado de las tareas y si se está trabajando o no en ellas.

Teletrabajo basado en el control de la situación y la telepresencia
- Para las empresas que necesiten tener el **control continuo y directo** sobre los trabajadores, hay muchas formas para extender esa visión del trabajo también al teletrabajo:
  - **Herramientas de monitorización:** permiten conocer tiempos de conexión y trabajo activo.
  - **Herramientas de trabajo colaborativo:** permiten ver en el momento si la persona está trabajando en ellas y qué es lo que está haciendo.
  - **Herramientas de comunicación:** permiten saber si una persona está conectada en ese momento.
  - Aplicaciones para la realización del trabajo mediante **conexión remota.**
  - **Entornos virtuales** en los que estar presentes, con cámara conectada en todo momento, llevando a su máxima expresión la telepresencia. Y es que cualquiera pueda acercarse virtualmente al puesto de trabajo de un compañero como lo haría en la oficina y ver, mediante su cámara, si está o no trabajando en ese momento.

7. Uso de TIC en el teletrabajo. Internet

Los **requisitos básicos** para el teletrabajo son disponer de un **ordenador y conexión a internet,** prácticamente lo mismo que si se trabaja desde la oficina.

El equipo informático deberá contar con lo siguiente:

Software instalado o acceso *online*	Herramientas de comunicación y gestión o acceso *online*
- Sistema operativo - Programas necesarios para el trabajo si tienen versión escritorio *(LibreOffice, Outlook...)* - Acceso a aplicaciones *online* o en la nube	- Acceso al *digital workplace* de la empresa *(Google, Microsoft...)* - Versión escritorio si existe *(Teams, Skype...)* - Acceso a aplicaciones colaborativas y de gestión *(Trello, Calendar...)*

Herramientas para el control remoto de equipos
- Herramientas para recibir ayuda del equipo de soporte en caso necesario *(TeamViewer, Asistencia rápida de Windows...)*

En algunos casos, dependiendo de la naturaleza del trabajo, puede ser necesario que la persona que teletrabaja cuente con **equipamiento extra,** como otra pantalla, un *smartphone* o una tableta.

👁 EJEMPLO

Una persona que se dedique al diseño gráfico necesitará disponer de una pantalla extra, y esta deberá tener buena resolución.

Continúa en página siguiente >>

<< Viene de página anterior

Una persona que visite regularmente a los clientes deberá disponer de un *smartphone* desde el que poder contestar a los correos y mensajes cuando no esté delante del ordenador, y posiblemente de una tableta con la que mostrar demos de productos a los clientes o alguna presentación de los servicios ofrecidos.

7.1. *Software* instalado o acceso *online*

El equipo informático que se use para el teletrabajo debe de contar con lo siguiente:

1. Un **sistema operativo** con su correspondiente licencia activada (si no es *software* libre).
2. Todos los **programas** que se requieran y sea necesario usar en versión escritorio instalados *(Outlook, Libreoffice, GIMP, Notepad++, Teams,* etc.) y si requieren licencia o suscripción, esta debe estar activada.
3. Para aquellas aplicaciones que tengan **versión** *online,* habrá que contar con cuentas corporativas para el acceso a estas *(Documentos de Google,* correo electrónico, *Calendar, Trello, Canva,* etc.).

 **IMPORTANTE**

La persona trabajadora debe contar con cuenta corporativa para el uso del correo electrónico y usuario registrado en cada una de las aplicaciones que necesite usar.

7.2. Herramientas de comunicación y gestión o acceso a su versión *online*

Las personas deben disponer desde su equipo de acceso a las **herramientas de comunicación y gestión** que usen en la empresa habitualmente.

◎ EJEMPLO

Si usan los canales de *Teams* para compartir la documentación, *Planner* para la organización de tareas y suelen comunicarse mediante el chat o videoconferencias de *Teams*, deben tener instalada una aplicación de escritorio o tener una cuenta corporativa para el acceso a estas herramientas en su versión *online*.

- -

Asimismo, deben disponer de **cuenta de correo corporativa,** acceso a la **intranet,** a otras aplicaciones en la **nube y espacios** de la empresa, etc.

La transparencia es esencial: los trabajadores deben tener acceso a los espacios de almacenamiento de la empresa y la documentación que pueda serles útil.

7.3. Herramienta para el control remoto de equipos

Las personas que estén trabajando desde casa o cualquier otro lugar distinto a la oficina también se pueden enfrentar, en ocasiones, a **problemas técnicos.** Puede ser que se solucionen con un simple correo electrónico, abriendo un tique de incidencia en la intranet o que sea necesario que una persona del equipo de soporte acceda al ordenador para solucionarlo. Si ese fuera el caso, es necesario contar con algún programa para el acceso en remoto al equipo, como ***TeamViewer*** o ***Asistencia rápida,*** el programa que trae *Windows*.

Para la conexión a equipos en remoto con este tipo de aplicaciones es necesario introducir un código que facilitará la persona propietaria del equipo.

8. Ventajas e inconvenientes del teletrabajo

☞ HILO CONDUCTOR

Iker ya ha comenzado a trabajar desde casa y está viendo las ventajas que esto tiene, aunque es cierto que también le está costando la adaptación, sobre todo los cambios en el trato diario con la gente de su equipo.

Por suerte, en su departamento han optado por un modelo híbrido en el que van a la oficina un día a la semana, así que está pudiendo solventar los posibles inconvenientes del teletrabajo y adaptándose poco a poco. Sin duda, han acertado con la decisión y él está encantado y agradecido a la empresa porque puede compaginar su vida laboral y personal.

Son muchas las personas que, en la actualidad, optan por el teletrabajo y muchas las empresas que están implantándolo, ya que aporta **grandes ventajas para ambas partes**, pero no hay que olvidar que también presenta ciertos **desafíos e inconvenientes** que hay que saber afrontar para que se desarrolle de forma eficaz:

1. **Empresas:**

Ventajas ✓	Inconvenientes ✗
- Ahorro de costes - Mayor productividad - Identificación y retención de talento clave - Empleados más comprometidos, motivados y felices - Disminución del ausentismo - Acceso a una mayor cartera de empleados - Medición del rendimiento de forma objetiva - Continuidad de la actividad	- Dificultad para la colaboración y el trabajo en equipo - Menor capacidad para la gestión y supervisión de equipos - Sensación de menor control sobre el empleado - Impacto en el ambiente laboral y la cultura organizacional - Necesidades tecnológicas - Riesgos de seguridad

2. **Trabajadores:**

Ventajas ✓	Inconvenientes ✗
- Ahorro en costes - Ahorro en tiempo - Mayor motivación y compromiso - Mayor productividad - Autonomía y conciliación - Mayores oportunidades laborales	- Aislamiento y falta de interacción social - Dificultades para establecer límites entre el trabajo y la vida personal - Falta de organización, disciplina, concentración y enfoque en la tarea - Dificultades para el trabajo colaborativo - Menos oportunidades de desarrollo profesional y aprendizaje - Riesgos de salud

IMPORTANTE

Es importante reconocer los desafíos que presenta el teletrabajo para que estos puedan abordarse antes de que supongan un verdadero inconveniente. Desde la empresa se pueden tomar medidas para fomentar una comunicación efectiva y el establecimiento de un entorno que sea adecuado y seguro, pero cada empleado debe adaptarlo según sus necesidades individuales y encontrar las estrategias adecuadas para superar los desafíos que se le presenten.

8.1. Ventajas e inconvenientes para la empresa

El teletrabajo puede aportar grandes ventajas a la empresa, pero hay que saber implantarlo adecuadamente para evitar que las desventajas que este puede tener lo aboquen al fracaso.

1. **Ventajas:**

   ○ **Ahorro de costes.** Al trabajar los empleados desde sus casas, las empresas pueden reducir los gastos derivados del uso de las oficinas, como el suministro eléctrico o de agua, consumibles informáticos y de papelería, material de consumo alimentario (vasos, servilletas, etc.) o de aseo (papel, jabón, etc.), gastos de mantenimiento de los espacios y equipos, etc.

   ○ **Mayor productividad.** Si el teletrabajo se desarrolla en condiciones adecuadas, puede aumentar la productividad de los empleados, ya que se eliminan los desplazamientos y las distracciones del entorno de la oficina, lo que permite una mayor concentración y eficacia.

   ○ **Identificación y atracción de talento clave.** Las ventajas que el teletrabajo puede aportar a los empleados, y la flexibilidad que este otorga, pueden suponer un valor añadido para los trabajadores, lo que hace posible una mayor retención del talento en la empresa, si se ofrece esta opción.

   ○ **Empleados más comprometidos, motivados y felices.** La flexibilidad horaria y geográfica, así como la posibilidad de conciliar la vida laboral y familiar, hacen que los empleados estén más motivados y comprometidos con sus tareas.

   ○ **Disminución del ausentismo.** Gracias al teletrabajo, se reduce la necesidad de tomarse días libres para atender responsabilidades familiares o tareas cotidianas. Una cita médica o administrativa, tener que recoger a los hijos del colegio o una enfermedad leve ya no supondrán tener que tomarse obligatoriamente tiempo de la jornada laboral para atender a esas tareas, sino que, en la mayoría de las ocasiones, los empleados se organizarán para poder compaginarlas.

- ◗ **Acceso a una mayor cartera de empleados.** El teletrabajo elimina las barreras geográficas, lo que significa que las empresas pueden contratar talento sin necesidad de que este se encuentre disponible localmente.

- ◗ **Medición del rendimiento de forma objetiva.** Existen muchas herramientas de monitorización y seguimiento que permiten conocer el tiempo dedicado a tareas específicas y realizar un seguimiento del progreso de los proyectos. Gracias a estos datos, junto con la comprobación del cumplimiento de los objetivos establecidos, se puede conocer el rendimiento y productividad real de los trabajadores.

- ◗ **Continuidad de la actividad.** Gracias al teletrabajo puede continuar la actividad productiva incluso si ocurre algún incidente en la oficina, como la interrupción de la conexión a internet o el suministro eléctrico, o si hay alguna emergencia o situación de crisis.

2. **Inconvenientes:**

- ◗ **Dificultad para la colaboración y el trabajo en equipo.** La falta de interacción presencial puede suponer un problema para la comunicación y la colaboración en el equipo si las personas no tienen los medios ni la preparación necesaria para llevar a cabo una colaboración *online* eficaz. Por eso es muy importante tener definidos los procesos y pautas que deben seguirse (herramientas, flujos, tiempos de respuesta, etc.).

- ◗ **Menor capacidad para la gestión y supervisión de equipos.** Al tener que realizar la supervisión en remoto, pueden surgir dificultades para evaluar el rendimiento de los empleados, identificar problemas existentes u ofrecer orientación y retroalimentación en el momento adecuado. Por ello es muy importante conocer todas las herramientas y estrategias que existen para facilitar la realización de estas tareas de forma remota y hacer un buen uso de ellas.

- ◗ **Sensación de menor control sobre el empleado.** Al no tener interacción directa con la persona o no garantizarse que se puede acceder al instante a esta o al trabajo que está realizando, se puede tener la sensación de que no se controla el trabajo y el estado de las tareas, no sabiendo si se están desarrollando adecuadamente y si el rendimiento es el previsto.

  La solución es dejar de lado ese miedo, dar un voto de confianza a las personas y, sobre todo, promover una cultura de transparencia en la organización en la que en todo momento se conozca el estado de los trabajos, independientemente de la modalidad de trabajo que se realice.

- ◉ **Impacto en el ambiente laboral y la cultura organizacional.** Las interacciones, las actividades y las dinámicas de equipo que se realizan de forma presencial pueden ayudar a construir una cultura organizacional sólida, con un sentido de pertenencia bien desarrollado en los empleados, pero el teletrabajo puede afectar a esa cultura debilitándola si estas no tienen lugar. Por lo tanto, es necesario buscar alternativas, actividades y dinámicas para realizar en remoto y que permitan seguir fortaleciendo esa cultura.

- ◉ **Necesidades tecnológicas.** El teletrabajo requiere que los empleados tengan acceso a una tecnología adecuada, como equipos actualizados, conexiones a internet estables o herramientas para la colaboración en línea que pueden generar costos adicionales.

  Las empresas deben analizar bien las opciones disponibles para atender a esas necesidades de la mejor manera posible y evitar sobrecostos.

- ◉ **Riesgos de seguridad.** El teletrabajo ocasiona un mayor riesgo de brechas de seguridad y filtración de datos e información confidencial, por lo que la empresa debe establecer unas políticas de seguridad claras y sólidas, y garantizar que los empleados las cumplan.

8.2. Ventajas e inconvenientes para los trabajadores

Al igual que puede afectar de una u otra forma a las empresas, en función de cómo lo implanten, el teletrabajo también puede tener distinto impacto en los trabajadores, pudiéndoles aportar ventajas o inconvenientes.

1. **Ventajas:**

   - ◉ **Ahorro de costes.** El teletrabajo supone un ahorro para los trabajadores, ya que permite la eliminación de desplazamientos, con el correspondiente ahorro en combustible o gastos de transporte público que ello conlleva, así como otros gastos, como los relacionados con el almuerzo o la ropa de trabajo. Además, el gasto de energía extra que se pueda realizar en casa como consecuencia del teletrabajo suele estar contemplado por la empresa y compensado en la nómina mensual.

   - ◉ **Ahorro en tiempo.** Además de dinero, se produce un importante ahorro de tiempo, al no tener que realizar los trayectos diarios al trabajo, enfrentándose al tráfico o las esperas del transporte público.

‿ **Mayor motivación y compromiso.** La flexibilidad horaria y geográfica, así como la posibilidad de conciliar la vida laboral y familiar, hacen que los empleados estén más motivados y comprometidos con sus tareas.

‿ **Mayor productividad.** La flexibilidad propia del teletrabajo permite adaptar el tiempo a las necesidades personales, teniendo un mayor control sobre este, y equilibrar mejor las responsabilidades laborales y personales. Además, en muchos casos, el entorno de trabajo hace que las personas estén menos estresadas que en la oficina, lo que aumenta su bienestar. Todo esto permite una mejor organización que desemboca en una mayor productividad.

‿ **Autonomía y conciliación.** El teletrabajo permite a los empleados gestionar su tiempo y su trabajo de manera más autónoma, lo que los lleva a tomar decisiones y asumir responsabilidades sin la necesidad de una supervisión constante. Esto posibilita tener un mejor equilibrio entre los diferentes aspectos de su vida laboral y personal.

‿ **Mayores oportunidades laborales.** El teletrabajo permite a las personas acceder a ofertas laborales más allá de su ubicación física, eliminado así restricciones geográficas, lo que aumenta ampliamente sus posibilidades profesionales.

2. **Inconvenientes:**

‿ **Aislamiento y falta de interacción social.** El teletrabajo hace que muchas personas se sientan aisladas por la falta de contacto diario y no poder participar en actividades dinámicas que tienen lugar en la oficina, lo que puede afectar al sentimiento de pertenencia a la empresa.
Para evitar esto es necesario hacer uso de las herramientas de comunicación disponibles y buscar dinámicas alternativas para su realización *online*.

‿ **Dificultades para establecer límites entre el trabajo y la vida personal.** Al trabajar desde casa, puede ser difícil separar el tiempo de trabajo del personal, lo que conlleva una mayor carga de trabajo fuera del horario establecido y dificultades para desconectar y descansar adecuadamente. Para evitarlo, es necesario tener una buena organización.

‿ **Falta de organización, disciplina, concentración y enfoque en la tarea.** La falta de control y supervisión directa, unida a la falta de separación entre el trabajo y los compromisos domésticos, puede dar lugar a excesivas distracciones y ocasionar dificultades para mantenerse enfocado en las tareas laborales y mantener una organización estructurada y una rutina diaria adecuada.

- **Dificultades para el trabajo colaborativo.** La comunicación y la colaboración pueden suponer un mayor desafío en un entorno *online*, ya que, además, pueden existir barreras tecnológicas, como problemas de conexión a internet o el uso inadecuado de herramientas o estrategias de comunicación, que pueden ocasionar que la interacción no sea efectiva.
- **Menos oportunidades de desarrollo profesional y aprendizaje.** La imposibilidad de acceder a eventos o programas de capacitación en el entorno laboral, así como el menor intercambio de conocimientos con los compañeros, puede afectar al crecimiento y el aprendizaje profesional. Esto puede solventarse haciendo uso de las herramientas existentes para la realización de convocatorias *online*.
- **Problemas ergonómicos y de salud.** Para trabajar desde casa es necesario preparar el entorno de trabajo adecuadamente, colocando de forma correcta la mesa, la silla y el equipo informático, pero no siempre se presta la atención adecuada a estos aspectos, por lo que, en muchas ocasiones, se originan problemas de salud, como dolor de espalda, cuello o muñecas.

 PARA SABER MÁS

Según el INE, el 86 % de las personas que han teletrabajado dan una puntuación de 7 o superior al teletrabajo en la Encuesta sobre la valoración a nivel general sobre la experiencia del teletrabajo. Puedes ver los datos detallados en el siguiente gráfico o la página web del INE:

Gráfico Personas que han teletrabajado: Valoración a nivel general del teletrabajo, Puntuación valoración

Continúa en página siguiente >>

<< Viene de página anterior

https://redirectoronline.com/fcoi0101

 TAREA 1

Miguel ha vivido toda la vida en Madrid, pero llevaba ya un tiempo encontrándose mal, con mucho estrés y, hace un año, decidió dejarlo todo, desconectar un poco de la tecnología y mudarse a un pequeño pueblo de Soria.

Su idea inicial era tomarse un tiempo de desconexión, pero desde que dejó el trabajo y la vida que llevaba, se encuentra mucho mejor y, aunque echa de menos muchas cosas, especialmente una mayor interacción social, ha tomado una decisión: quedarse de forma definitiva.

Pero necesita trabajar, y lo echa de menos, así que ha decidido buscar empleo en alguna empresa que permita el teletrabajo, aunque nunca se había acogido a esa modalidad y no tiene claro que sea adecuada para él, ¿estará preparado?, ¿en qué tipo de empresas puede ofrecer sus servicios?

Identifica las características de esta modalidad, así como los rasgos y las cualidades que tanto la empresa como Miguel deberían tener para que el teletrabajo se desarrolle de forma eficaz.

Asimismo, enumera los requisitos básicos para llevarlo a cabo y las principales ventajas e inconvenientes que puede tener para Miguel un empleo de este tipo.

---

9. Resumen

El **teletrabajo** es una modalidad laboral en la que los empleados llevan a cabo sus tareas profesionales desde casa o cualquier otro lugar **fuera de la oficina tradicional** de la empresa. Esto implica trabajar de forma remota, utilizando las tecnologías de la información y la comunicación (TIC) para mantener la conexión con la organización y colaborar con el resto del equipo de manera efectiva.

No es un concepto nuevo, existe desde la segunda mitad del siglo XX, sin embargo, sus características no son las mismas que en sus inicios, ha evolucionado hasta su **concepción actual,** basada en lo siguiente:

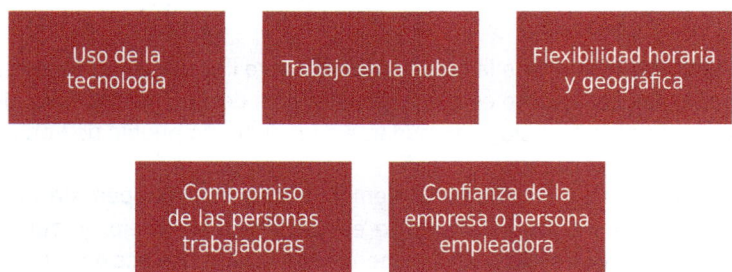

En la actualidad, son muchas las empresas que lo están implantando, aunque no de forma exclusiva, en muchos casos optan por un **modelo híbrido** que combina el trabajo remoto con la presencia en la oficina.

En cualquiera de los casos, sea teletrabajo exclusivo o un modelo híbrido, las empresas deberán encontrar la manera de implantarlo, y para obtener los resultados deseados debería ser **basándose en la confianza y el cumplimiento de objetivos.** La otra opción, basada en el control de la situación y la telepresencia, puede generar malestar en los trabajadores y efectos negativos en el desarrollo de su trabajo.

En cuanto a los aspectos técnicos, los **requisitos básicos** para el teletrabajo son disponer de un **ordenador y conexión a internet.** El equipo, a su vez, debe contar con el *software* necesario:

Software instalado o acceso **online**	**Herramientas de comunicación y gestión o acceso online**
- Sistema operativo - Programas necesarios para el trabajo si tienen versión escritorio (LibreOffice, Outlook...) - Acceso a aplicaciones online o en la nube	- Acceso al digital workplace de la empresa (Google, Microsoft...) - Versión escritorio si existe (Teams, Skype...) - Acceso a aplicaciones colaborativas y de gestión (Trello, Calendar...)

Herramientas para el control remoto de equipos
- Herramientas para recibir ayuda del equipo de soporte en caso necesario (TeamViewer, Asistencia rápida de Windows...)

Si la naturaleza del trabajo lo permite, son muchas las personas y las empresas que, en la actualidad, optan por el teletrabajo, debido a las ventajas que aporta, pero hay que tener presente que también presenta ciertos desafíos que es necesario enfrentar de forma adecuada para que no sean un obstáculo para su implantación efectiva.

1. **Empresas:**

Ventajas ✅	Inconvenientes ❌
- Ahorro de costes - Mayor productividad - Identificación y retención de talento clave - Empleados más comprometidos, motivados y felices - Disminución del ausentismo - Acceso a una mayor cartera de empleados - Medición del rendimiento de forma objetiva - Continuidad de la actividad	- Dificultad para la colaboración y el trabajo en equipo - Menor capacidad para la gestión y supervisión de equipos - Sensación de menor control sobre el empleado - Impacto en el ambiente laboral y la cultura organizacional - Necesidades tecnológicas - Riesgos de seguridad

2. Trabajadores:

Ventajas ✓	Inconvenientes ✗
- Ahorro en costes - Ahorro en tiempo - Mayor motivación y compromiso - Mayor productividad - Autonomía y conciliación - Mayores oportunidades laborales	- Aislamiento y falta de interacción social - Dificultades para establecer límites entre el trabajo y la vida personal - Falta de organización, disciplina, concentración y enfoque en la tarea - Dificultades para el trabajo colaborativo - Menos oportunidades de desarrollo profesional y aprendizaje - Riesgos de salud

Ejercicios de autoevaluación
Unidad de Aprendizaje 1

1. El teletrabajo se caracteriza por desarrollarse...

    a. ... desde fuera de la oficina.
    b. ... desde casa exclusivamente.
    c. ... desde la oficina usando siempre medios tecnológicos.
    d. ... trabajando exclusivamente en la nube.

2. Para el desarrollo del teletrabajo es necesario...

    a. ... mantenerse en casa aislado para evitar distracciones.
    b. ... no dedicarse a chatear, porque supone una gran distracción.
    c. ... mantenerse en contacto con el resto del equipo mediante las herramientas de comunicación.
    d. ... comunicarse con el responsable por teléfono, al menos, una vez al día para repasar el estado de las tareas.

3. ¿Cuándo ha surgido el concepto de teletrabajo?

    a. Desde la segunda mitad del siglo XIX.
    b. Desde principios del siglo XXI.
    c. Desde la segunda mitad del siglo XX.
    d. Desde la pandemia de COVID-19, es un concepto nuevo.

4. Señala cuál de los siguientes no es una característica del teletrabajo en la actualidad:

    a. Trabajo en la nube
    b. Horario estricto e inamovible
    c. Uso de la tecnología
    d. Compromiso de los trabajadores

5. Indica cuál de las siguientes no es una característica que debe cumplir la empresa para la implantación del teletrabajo:

    a. Disponer de medios tecnológicos
    b. Tener políticas de protección y seguridad

    c. Contar con un plan de teletrabajo

    d. Realizar un control exhaustivo de los trabajadores

6. Indica cuál de las siguientes es una característica que deben cumplir los trabajadores para el desempeño del teletrabajo:

    a. Disponer de ordenador personal e impresora en casa

    b. Tener autonomía en el desarrollo de sus tareas

    c. Establecer sus propias normas para el desarrollo del trabajo

    d. Todas las opciones son incorrectas

7. Determina si la siguiente oración es verdadera o falsa: "Algunas empresas han optado por implementar un modelo híbrido que combina el trabajo remoto con la presencia en la oficina".

    ■ Verdadero

    ■ Falso

8. ¿Cuáles son los requisitos básicos para el teletrabajo?

    a. Disponibilidad 24/7 por parte de los trabajadores.

    b. Realizar un trabajo por objetivos, sin establecer horarios.

    c. Disponer de un ordenador con el *software* necesario y acceso a internet.

    d. Disponer de un sistema de control horario y monitorización de tareas.

9. ¿Cuáles de los siguientes tipos de herramientas no son necesarios para el teletrabajo?

    a. Herramientas de comunicación.

    b. Herramientas de gestión.

    c. Herramientas de control remoto de equipos.

    d. Herramientas de vigilancia y control de empleados.

10. Una de las grandes ventajas del teletrabajo para la empresa es:

    a. El ahorro de costes.

    b. El ahorro de tiempo.

c. La evitación de distracciones para los trabajadores.
d. La disminución de riesgos de seguridad.

Determinación de las condiciones y la organización del teletrabajo

Contenido

Objetivos

El objetivo general de esta Unidad de Aprendizaje es:

→ Establecer las condiciones organizacionales necesarias para implementar y gestionar exitosamente el teletrabajo, utilizando para ello las herramientas tecnológicas que se precisen.

Los objetivos específicos de esta Unidad de Aprendizaje son:

→ Usar distintas plataformas para el teletrabajo.

→ Comunicarse con el resto del equipo a través de las distintas plataformas.

→ Compartir documentación y trabajar *online*.

→ Proponer soluciones para los principales problemas derivados del teletrabajo.

1. Introducción

Para implantar el teletrabajo en una empresa no es suficiente con dejar a los empleados trabajar desde fuera de la oficina. Al igual que en una oficina convencional, es necesario contar con las **condiciones necesarias** para que el trabajo pueda desarrollarse de forma efectiva.

En este sentido, es necesario realizar algunas acciones previas al desarrollo del trabajo:

1. Preparar el espacio de trabajo.
2. Preparar el equipamiento y los recursos necesarios.
3. Establecer las condiciones y normas bajo las que debe desarrollarse.

Por tanto, implantar el teletrabajo requiere **planificación y organización,** para garantizar así que el proceso se desarrolle con éxito.

A lo largo de la unidad verás cuáles son los aspectos que deben tenerse en cuenta a la hora de planificar el proceso y organizar el trabajo y las tareas del equipo, así como las herramientas tecnológicas que pueden ayudarte a hacerlo de forma eficaz.

Para ello, seguirás el caso de Create System, una empresa de desarrollo de *software* que adoptó esta modalidad durante la pandemia y, tras esta, volvió al trabajo tradicional. Ahora, debido a las peticiones de las personas que trabajan en ella, han decidido replantearse su decisión y están llevando a cabo un plan de implantación del teletrabajo.

2. Plataformas de teletrabajo. Tipos de plataformas

 HILO CONDUCTOR

Dentro del plan de implantación del teletrabajo que están llevando a cabo en Create System, Marta, la gerente, está prestando especial atención a la organización, ya que, en su experiencia anterior, su fallo fue hacerlo todo de prisa y corriendo (no tuvieron otra opción) y no habían podido organizarse bien.

Continúa en página siguiente >>

<< Viene de página anterior

Por eso, ahora está preparando cada aspecto en detalle: los espacios, equipamientos y recursos, así como las condiciones y normas que deben cumplirse.

Uno de los aspectos principales que hay que decidir es **qué plataformas se van a usar** para el desarrollo de las tareas. Y es que es un aspecto esencial para **facilitar la comunicación y la colaboración** del equipo de trabajo. Gracias al desarrollo que han experimentado estas, en la actualidad, el teletrabajo se puede desarrollar de una forma sencilla y eficaz. Las hay de varios **tipos:**

Plataformas de comunicación *online*
- Son herramientas o aplicaciones que permiten la comunicación del equipo, en la mayoría de los casos, de forma instantánea, mediante mensajes de chat, llamadas o videollamadas. Una de las más usadas es *Google Meet.*

Plataformas de gestión del trabajo
- Son herramientas o aplicaciones que permiten organizar los proyectos en desarrollo y llevar un seguimiento de estos. Con ellas se pueden crear y asignar tareas, establecer plazos de entrega, compartir documentación y realizar un seguimiento del progreso. Una de las más usadas es *Jira.*

Plataformas de almacenamiento en la nube
- Son herramientas o aplicaciones que permiten almacenar archivos en espacios virtuales y compartidos con el equipo de trabajo. Así se facilita el acceso a la documentación y la colaboración al instante, sin tener que enviar documentos adjuntos por correo electrónico y garantizando siempre que la última versión es la que está disponible. Una de las más usadas es *Dropbox.*

Plataformas de monitorización
- Son herramientas o aplicaciones que permiten hacer un seguimiento y control de las tareas. Con ellas se puede medir el tiempo empleado en las diferentes tareas y generar informes que permiten analizar la eficiencia y la rentabilidad. Una de las más usadas es *Toggl Track.*

IMPORTANTE

La elección de unas plataformas u otros dependerá de varios factores, como las necesidades de la empresa y el equipo de trabajo, o los recursos disponibles.

3. Planificación y organización del teletrabajo y aprendizaje

☞ **HILO CONDUCTOR**

Tras analizar las diferentes plataformas y aplicaciones existentes, en Create System han decidido usar *Google Workspace*, ya que ofrece todas las aplicaciones que, en principio, necesitan para que el equipo pueda realizar su trabajo en remoto y colaborando entre ellos.

Aunque existen diferentes plataformas de teletrabajo, cada una de ellas sirve para unas funciones y necesidades específicas, y pueden utilizarse por separado. Existen **espacios de trabajo que integran varias de estas herramientas** y permiten disponer de un entorno de trabajo unificado con todo lo necesario para el desarrollo de las tareas diarias: los ***digital workplaces*** o espacios de trabajo digitales.

Estos espacios pueden ser propios de la empresa o alguno de los existentes en el mercado. Entre los más utilizados por las empresas se encuentran:

1. ***Google Worksplace.*** El espacio de trabajo de *Google* integra diferentes herramientas ofimáticas (documentos de texto, hojas de cálculo, presentaciones, etc.) para poder crear, editar y almacenar documentos compartidos con el equipo de trabajo, además de proporcionar correo electrónico con un dominio personalizado para tu empresa y disponer de diferentes herramientas para la comunicación y colaboración, como los calendarios compartidos para organizar reuniones y tareas, *Google Chat, Google Meet o Drive*. Esto te permite disponer, en un solo espacio, de todo lo necesario para comunicarte y trabajar en equipo de forma colaborativa.

2. **Microsoft 365.** Permite crear documentos de diferentes tipos, compartirlos y acceder a ellos *online (Word, Excel, Powerpoint),* además de al correo *(Outlook), OneNote* y *Microsoft Teams.*

Este último es el centro para el trabajo en equipo de *Microsoft 365.* Te permite crear canales para los diferentes equipos de trabajo, crear, editar y almacenar en ellos archivos y documentos compartidos, hablar con los integrantes del equipo mediante chat, realizar reuniones a través de videoconferencias e integrar otras aplicaciones y herramientas de *Microsoft,* como, por ejemplo, *Planner,* que te permite organizar las tareas del equipo.

Cualquiera de estos espacios permite **organizar el proyecto y las tareas** de este, tanto los procesos y las tareas a alto nivel como las tareas diarias de los miembros de equipo:

Crear espacios para el proyecto y el equipo
- Se puede crear un espacio para el proyecto y espacios específicos para los equipos de trabajo. Por ejemplo, con los espacios del chat o *Drive* en *Google* o con los canales en *Microsoft Teams.*

Planificar las tareas del proyecto
- Es posible planificar las tareas del proyecto , asignando a cada miembro del equipo las que les corresponda o dejándolas para su libre disposición. También se pueden asignar fechas y plazos a las distintas fases y tareas establecidas . Por ejemplo, con *Google Task* o *Planner* en *Microsoft Teams.*

Planificar reuniones de seguimiento y control
- En estos espacios se pueden planificar reuniones de seguimiento y control mediante convocatorias periódicas usando el calendario. Por ejemplo, con *Google Calendar* o *Calendario* en *Microsoft Teams.*

Establecer espacios para la comunicación y la colaboración
- Una de las principales funcionalidades que permiten es establecer espacios para la comunicación del equipo, tanto generales como específicos e incluso individuales. Por ejemplo, en *Google* existen los chats individuales o grupales con *Google Chat,* o la posibilidad de hacer llamadas y videollamadas con *Google Meet,* y en *Microsoft Teams* se pueden hacer publicaciones en los canales, usar el chat individual o grupal, y hacer llamadas y videollamadas.

ACTIVIDAD COMPLEMENTARIA

2. Luisa es la responsable de un proyecto que consiste en el desarrollo y la implantación de una nueva aplicación en toda la empresa. En su equipo cuenta con personas que se encargan del desarrollo del *software*, con otras que se encargan de preparar la formación previa a la implantación y personas de gestión del cambio, cuya labor consistirá en dar a conocer la nueva aplicación previamente a su implantación, de tal forma, que se minimicen las resistencias por parte del personal que tendrá que usarla. ¿Cómo crees que podrá ayudar el uso de un *digital workplace* en el desarrollo del proyecto?

Reflexiona sobre la utilidad que tiene para el equipo de trabajo usar un *digital workplace*.

Pero ¿qué es necesario para implantar estos espacios de trabajo? Por parte de la **empresa,** es necesario adquirir una **suscripción** para el uso de los servicios, contratando el plan que mejor se adapte a sus necesidades. Además, deberá asegurarse de que los trabajadores **saben usar las distintas aplicaciones** y, si no es así, dar la **formación** necesaria para su uso.

 IMPORTANTE

Los trabajadores deben saber usar las aplicaciones no solo a nivel técnico, sino también hacer un buen uso de ellas. Por ejemplo, si usan un panel de tareas, deben actualizar las tarjetas de cada tarea conforme vaya evolucionando su estado o, si van a convocar una reunión de equipo, deben consultar el calendario del resto de los participantes para asegurarse de que tienen disponibilidad en ese momento concreto.

Por parte de las **personas del equipo** que vayan a usar las aplicaciones, es necesario que tengan preparado un **entorno de trabajo** adecuado en el lugar desde el que teletrabajen, que comprueben que tienen **acceso** a todas las aplicaciones necesarias y que sigan las directrices y los consejos para el buen uso de estas que la empresa les haya recomendado.

4. Comunicación entre equipos (documentos y encuentros)

👉 HILO CONDUCTOR

La comunicación es otro de los aspectos esenciales que Marta ha contemplado en el plan de implantación del teletrabajo y una de las razones que ha hecho que se decida por *Google Workspace,* ya que este les da la posibilidad de disponer de diferentes espacios y conversar en todo momento tanto de forma individual como grupal, así como de organizar encuentros puntuales o periódicos, tanto entre los miembros del equipo como con personal externo.

Aunque *Google* no es la única que ofrece estas funcionalidades, ha barajado otras opciones similares, pero, tras un pequeño sondeo, ha concluido que las personas de la empresa están acostumbradas a usar *Gmail* y sus herramientas, lo que facilitará el proceso.

La comunicación entre los miembros del equipo es fundamental para que el teletrabajo sea un éxito. Para ello, los *digital workplace* ofrecen diferentes herramientas que te permiten estar en contacto tanto con tu equipo de forma conjunta, como con cada una de las personas que forman parte de él de manera individual.

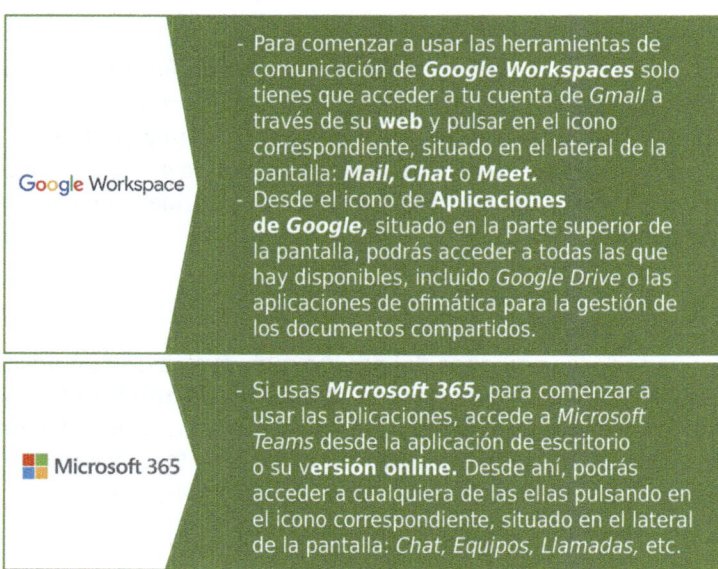

Google Workspace
- Para comenzar a usar las herramientas de comunicación de **Google Workspaces** solo tienes que acceder a tu cuenta de *Gmail* a través de su **web** y pulsar en el icono correspondiente, situado en el lateral de la pantalla: **Mail, Chat** o **Meet.**
- Desde el icono de **Aplicaciones de Google,** situado en la parte superior de la pantalla, podrás acceder a todas las que hay disponibles, incluido *Google Drive* o las aplicaciones de ofimática para la gestión de los documentos compartidos.

Microsoft 365
- Si usas **Microsoft 365,** para comenzar a usar las aplicaciones, accede a *Microsoft Teams* desde la aplicación de escritorio o su v**ersión online.** Desde ahí, podrás acceder a cualquiera de las ellas pulsando en el icono correspondiente, situado en el lateral de la pantalla: *Chat, Equipos, Llamadas,* etc.

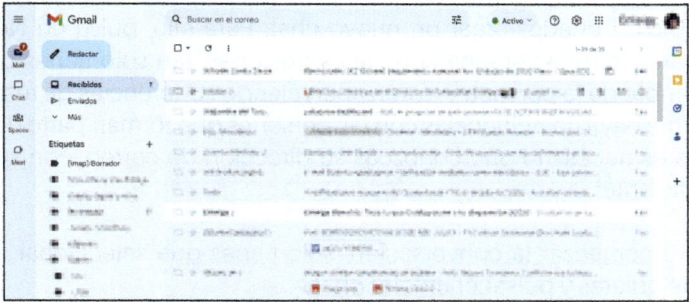

Google Workspaces, el espacio de trabajo digital de Google

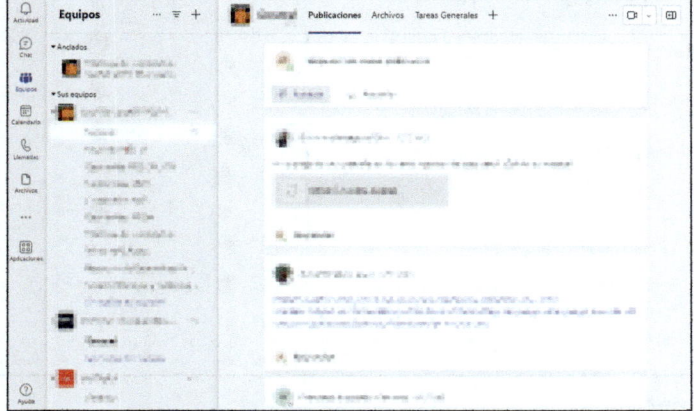

Microsoft Teams, aplicación de Microsoft 365 que integra muchas herramientas útiles para el teletrabajo

4.1. Herramientas de *Google Workspaces*

A continuación, verás las herramientas de comunicación y las posibilidades que ofrece el espacio de trabajo digital de *Google*.

Google Chat

Con *Google Chat* podrás chatear de forma individual con cada miembro de tu equipo. Para comenzar a usarlo, solo tienes que acceder a tu cuenta de *Gmail* y pulsar en el icono **Chat.** Al abrirse el espacio de chat, podrás ver las conversaciones que tienes abiertas y pulsando sobre cualquiera de ellas podrás continuar hablando con esa persona.

También puedes crear un nuevo chat. Para ello, pulsa en **Nuevo chat** y aparecerá una ventana con varias opciones, tan solo tienes que incluir el nombre de la persona y te irán apareciendo sugerencias de resultados conforme haya coincidencias con las personas que forman parte de la empresa (no es necesario que conozcas su dirección de correo, con su nombre es suficiente).

Para comenzar la conversación, solo tienes que seleccionar a la persona que quieras y pulsar en **Iniciar chat.**

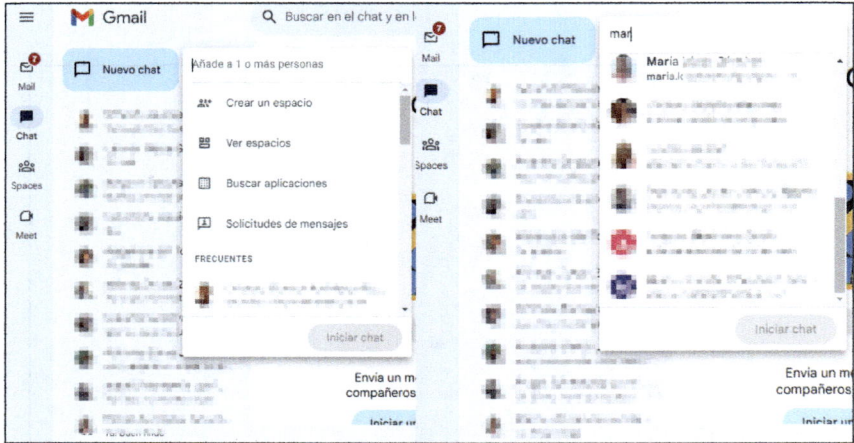

Google Chat

La conversación se abrirá en el centro de la pantalla. Para escribir, pulsa en la parte inferior y **escribe el texto** que desees en la caja. Con los iconos que tienes al lado del cuadro de texto , también podrás añadir **emoticonos, GIF, archivos e iniciar una videollamada.**

En la parte superior, además, podrás **buscar dentro del chat** pulsando sobre la lupa, o **abrir el chat en una ventana emergente,** con lo que quedará situado en menor tamaño en una parte de la pantalla.

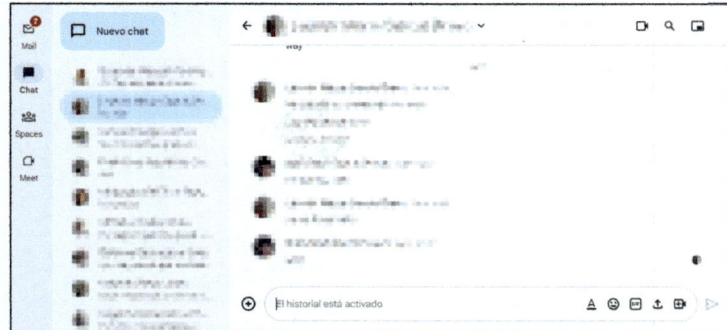

Conversación en Google Chat

Si pulsas sobre la flecha situada al lado del nombre de la persona, tendrás **otras opciones,** como fijar el chat, activar o desactivar las notificaciones o el historial, bloquear a la persona, ocultar la conversación, etc.

Si lo que quieres es chatear de forma grupal con los miembros de tu equipo puedes crear un espacio **pulsando en Nuevo chat > Crear un espacio.** Aparecerá una ventana para que indiques su nombre. Una vez hecho, pulsa en **Crear.**

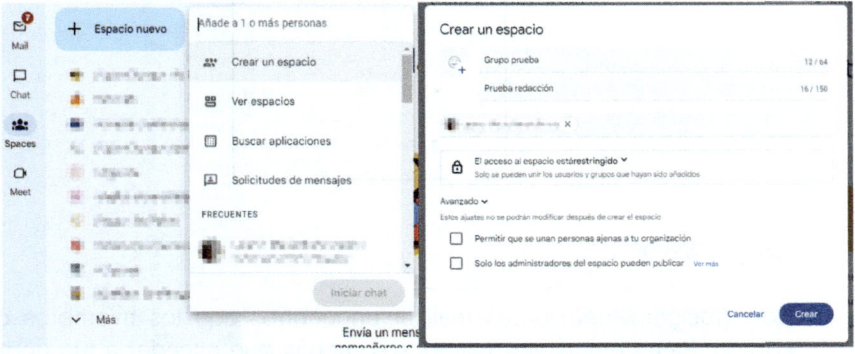

Creación de un nuevo espacio de chat en Google

Una vez dentro, podrás añadir a personas al grupo, compartir archivos desde *Drive* y asignar tareas a los miembros del grupo. Para comenzar la conversación, solo tienes que escribir en la caja de texto. Pulsando sobre la flecha situada al lado del nombre del grupo, tendrás disponibles estas y otras opciones (gestionar miembros, notificaciones, historial, etc.).

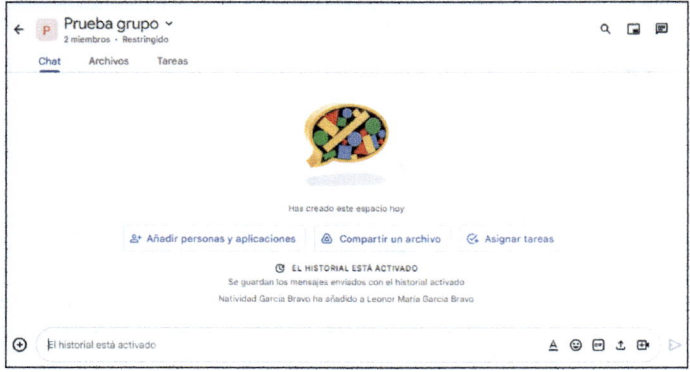

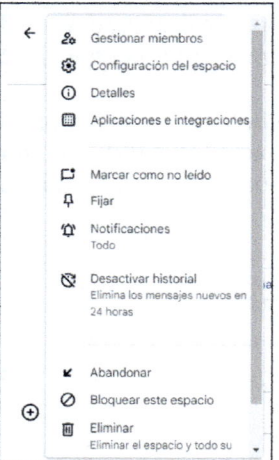

Google Meet

Con **Google Meet** podrás realizar encuentros con los miembros de tu equipo. Para comenzar a usarlo, solo tienes que acceder a tu cuenta de *Gmail* y pulsar en el icono **Meet,** situado en el lateral de la pantalla. Al abrirse este espacio, tendrás varias opciones:

- ➲ **Mis reuniones:** puedes ver las reuniones que tienes programadas y acceder a ellas desde aquí.
- ➲ **Unirse a una reunión:** para ello tienes que introducir un dato que te haya proporcionado el organizador y pulsar en **Unirme.**

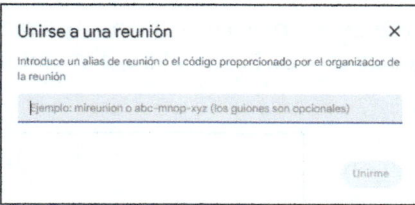

Opción Unirse a una reunión de Google Meet

◯ **Nueva reunión:** puedes crear una nueva reunión pulsando este botón. Se abrirá una ventana con el enlace a esta y podrás copiarlo para compartirlo con las personas que desees. También puedes pulsar en **Enviar invitación** para copiar la dirección o enviarla por correo electrónico.

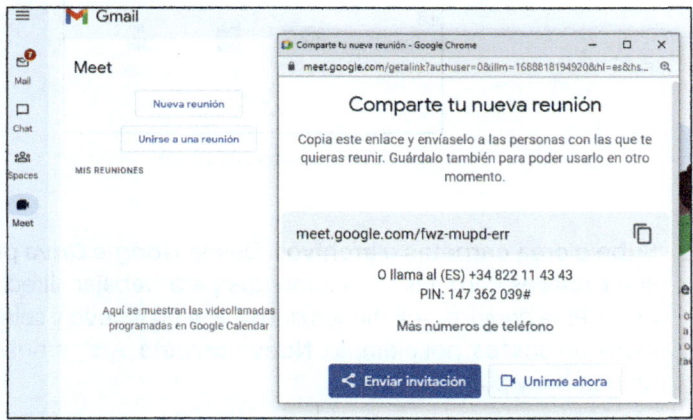

Opciones para compartir el acceso a una nueva reunión

Esto te permite crear reuniones al instante (aunque puedes celebrarlas en otro momento teniendo el enlace generado). Si lo que deseas es convocar una reunión programada con antelación en unas fechas y horas concretas, tendrás que hacerlo desde *Google Calendar.*

Además de las herramientas de comunicación, desde el icono de **aplicaciones de** *Google,* situado en la parte superior de la pantalla, podrás acceder a todas las que hay disponibles, incluido *Google Drive* o las aplicaciones de ofimática para la gestión de los documentos compartidos. Estos son los pasos para ver cómo puedes usar *Google Drive:*

1. **Accede a la aplicación.** En *Google Drive* puedes almacenar tus archivos e, incluso, crearlos directamente en la aplicación y editarlos en la

nube. Para acceder, pulsa en el icono **Aplicaciones de *Google*,** situado en la parte superior de la pantalla y, a continuación, en **Drive.**

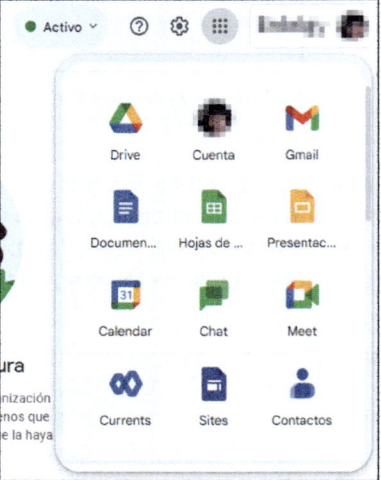

Acceso a las aplicaciones de Google

2. **Sube o crea carpetas o archivos.** Desde *Google Drive* puedes subir o crear nuevas carpetas y documentos para trabajar directamente en la nube. Para crearlos, solo tienes que pulsar en **Nuevo** y seleccionar la opción que desees; por ejemplo, **Nueva carpeta.** A continuación, asígnale un nombre y pulsa en **Crear.**

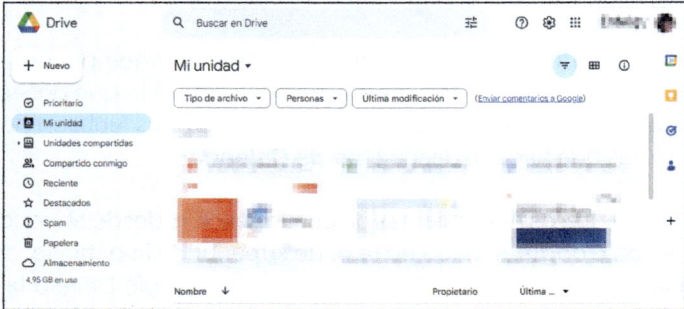

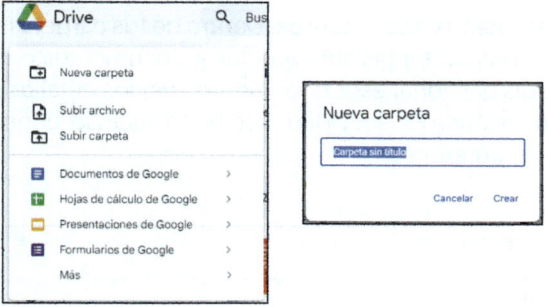

3. **Comparte tus archivos.** Una vez que hayas creado tus carpetas y/o archivos, puedes compartirlos con los miembros de tu equipo. Para ello, en **Mi unidad,** localiza la carpeta que quieres compartir y pulsa en los tres puntos que aparecen a la derecha de esta y, a continuación, en **Compartir.**

Aparecerá una pantalla en la que puedes indicar las personas que deseas añadir. Conforme empieces a escribir su nombre, irán apareciendo sugerencias en los resultados. Una vez localizada a la persona, selecciona el tipo de permisos que quieres darle en el desplegable (editor, comentador o lector), escribe un mensaje para notificarle la invitación y pulsa en **Enviar.**

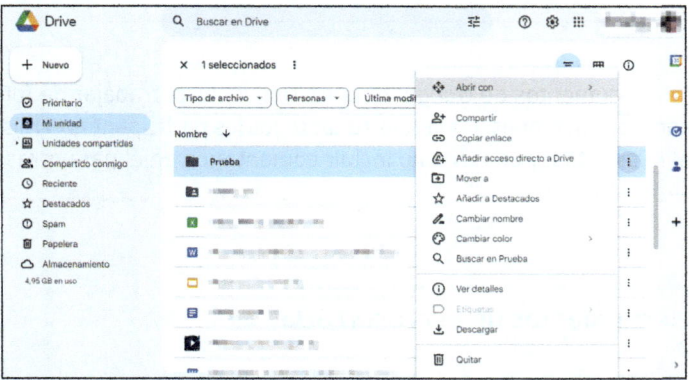

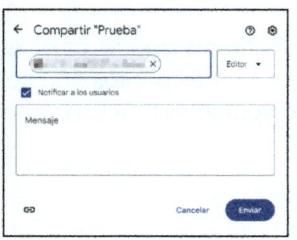

4. **Gestiona tus documentos.** Dentro de tus carpetas compartidas, podrás subir o crear tantas subcarpetas y documentos como desees. Además, podrás gestionar esos documentos, ver los detalles de cada uno de ellos y un histórico de actividad, pudiendo, incluso, consultar o recuperar versiones anteriores.

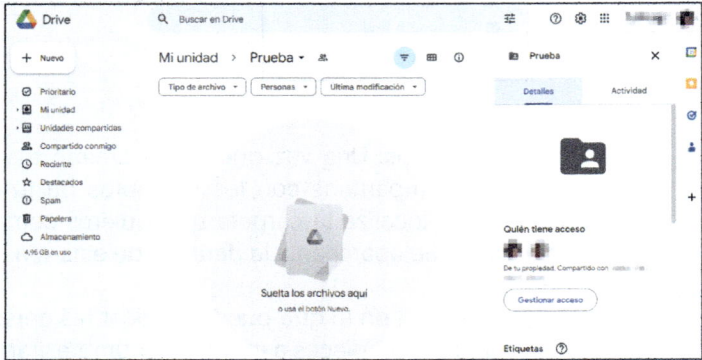

Opciones para la consulta de datos e histórico de actividad en un archivo de Google Drive

SABÍAS QUE...

Los documentos de *Google* te permiten, incluso, trabajar de forma simultánea con otras personas, pudiendo editar todos los participantes el mismo documento al mismo tiempo, así como incluir comentarios en él para otras personas.

4.2. Herramientas de *microsoft 365*

A continuación, verás las herramientas de comunicación y las posibilidades que ofrece el espacio de trabajo digital de *Microsoft:*

1. *Equipos.* Con los *Equipos* de *Teams* podrás crear equipos de trabajo y, dentro de ellos, pulsando en los tres puntos que aparecen al lado del nombre del equipo, tendrás disponibles otras opciones, entre las que se encuentran **Agregar canal.**

Los canales permiten añadir publicaciones que verán todos los miembros, crear y compartir archivos, organizar las tareas y añadir más aplicaciones en diferentes pestañas.

Para realizar una publicación, solo tienes que pulsar en **Publicar.** También puedes responder a las publicaciones existentes. Se puede incluir tanto texto como programar reuniones mediante videollamada.

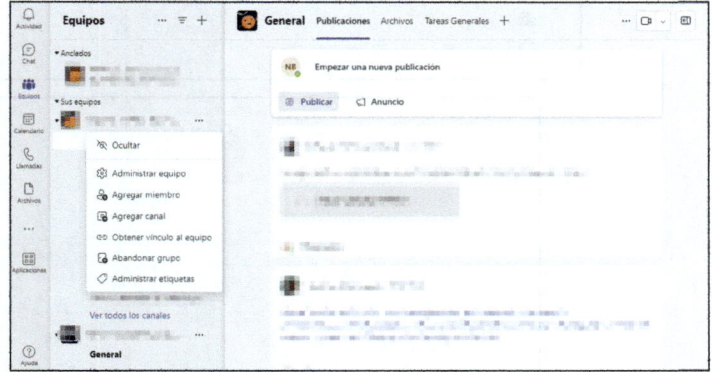

Opciones para la gestión de un equipo en Teams

2. ***Chat.*** Con ***Chat*** de *Teams* podrás conversar de forma individual con cada miembro de tu equipo o en grupos. Para comenzar a usarlo, solo tienes que acceder a *Teams* y pulsar en el icono **Chat.** Al abrirse el espacio, podrás ver las conversaciones que tienes abiertas y, pulsando sobre cualquiera de ellas, podrás continuar hablando con esa persona.

   También puedes crear un nuevo chat. Para ello, pulsa en **Nuevo chat** y aparecerá una ventana en la que tienes que incluir el nombre de la persona y te irán apareciendo sugerencias de resultados conforme haya coincidencias con las personas que forman parte de la empresa (no es necesario que conozcas su dirección de correo, con su nombre es suficiente). Si es un chat grupal, una vez que hayas incluido a todas las personas, pulsa en la flecha hacia abajo que aparece a la derecha y te aparecerá otro campo para que incluyas el nombre del grupo.

   Cuando tengas el espacio creado, para escribir, pulsa en la parte inferior y **escribe el texto** que desees en la caja. Con los iconos que tienes debajo del cuadro de texto, también podrás dar **formato** al texto, añadir **emoticonos, GIF, pegatinas, archivos, programar una reunión,** etc. Una vez que tengas listo tu mensaje, pulsa en **Enviar.** En la parte superior, además, podrás **añadir llamadas y videollamadas** e incluso **compartir tu pantalla.**

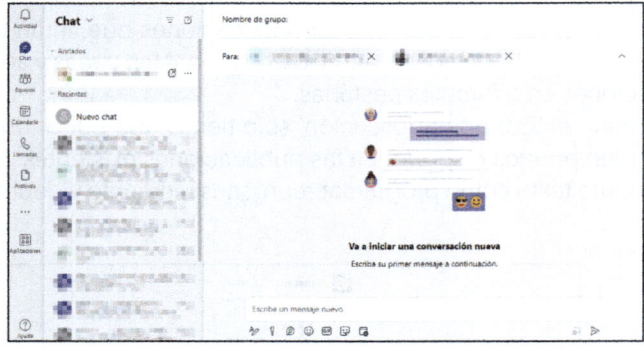

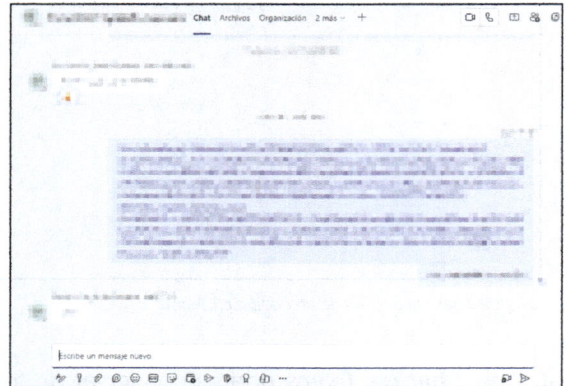

Opciones de chat en Teams

3. **Llamadas.** Para ello, solo tienes que escribir el nombre de la persona con la que deseas hablar y seleccionar la opción que desees. Además, podrás consultar el **historial** de llamadas y guardar un listado de **contactos.**

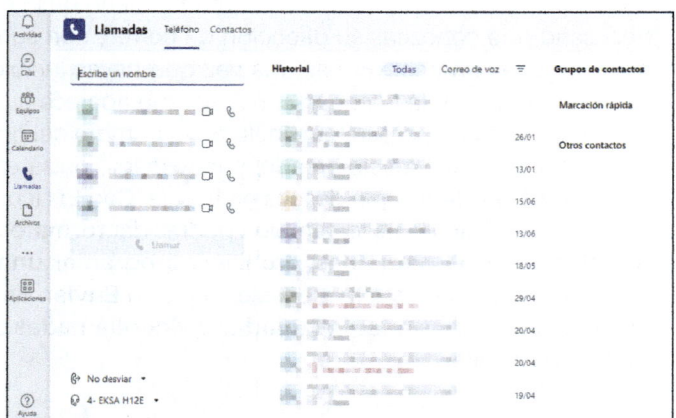

Opciones de llamadas en Teams

Esto te servirá para realizar videollamadas en el momento. Si lo que quieres es programar una reunión con antelación, puedes hacerlo desde las opciones disponibles en el canal o a través del calendario.

Además de las herramientas de comunicación, *Microsoft Teams* te permite crear y compartir archivos gracias a la integración de aplicaciones como *OneDrive o SharePoint,* y las herramientas de ofimática. Estos son los pasos para gestionar tus documentos en *Teams:*

1. **Accede a la aplicación.** Para acceder a *Teams* y desde ahí poder gestionar tus archivos, puedes hacerlo tanto desde la aplicación de escritorio como desde su versión *online.*

https://redirectoronline.com/fcoi290205

2. **Sube o crea carpetas o archivos.** Desde **Microsoft Teams** puedes subir o crear nuevas carpetas y documentos para trabajar directamente en la nube. Para ello, pulsa en **Archivos** y, dentro de estos, en **Cargar** o **Nuevo.**

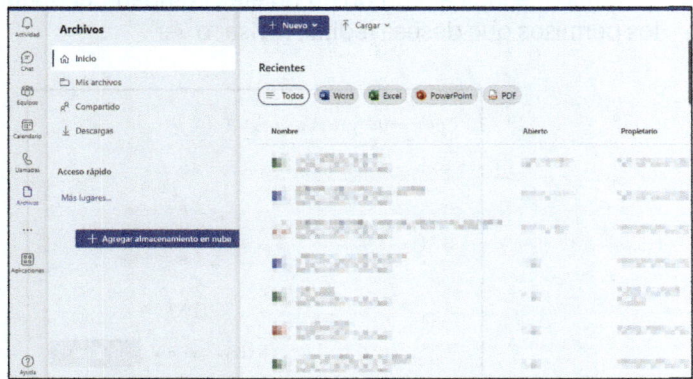

Opciones para crear un archivo o subir uno existente a Teams

También puedes consultar, editar o crear archivos directamente en los canales creados en tu equipo, pulsando sobre la pestaña Archivos situada en la parte superior.

3. **Comparte tus archivos.** Una vea creado el archivo, puedes compartirlo con los miembros de tu equipo. Para ello, sitúate sobre el archivo, pulsa en los tres puntos que aparecen a la derecha y, a continuación, en **Compartir.**

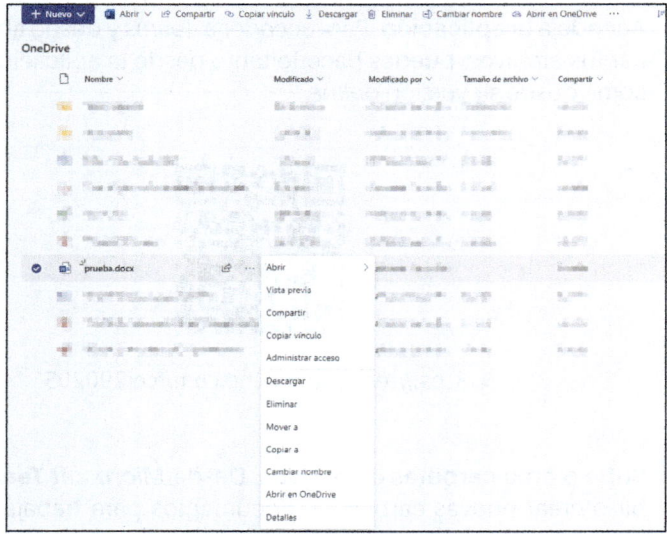

Opciones del menú contextual de un archivo en Teams

➲ Tendrás que indicar con quién quieres compartir el documento y darle los permisos que desees (editar, revisar o ver).

Opciones de gestión de permisos al compartir un archivo en Teams

4. **Gestiona tus documentos.** Dentro de tus carpetas compartidas, podrás subir o crear tantas subcarpetas y documentos como desees. Además, podrás gestionar esos documentos, ver los detalles de cada uno de ellos y un histórico de actividad, pudiendo, incluso, consultar o recuperar versiones anteriores.

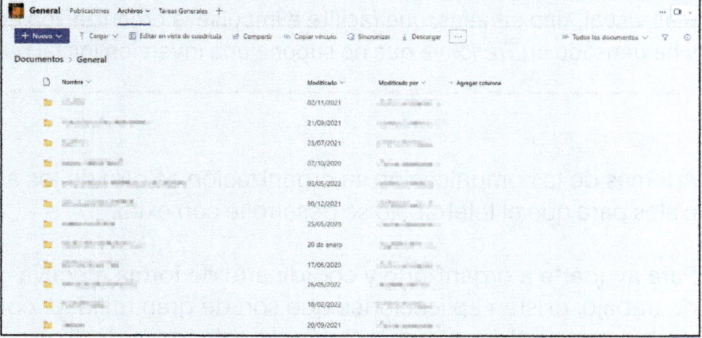

Opciones de gestión de archivos en Teams

 **SABÍAS QUE...**

Microsoft Teams permite integrar otras aplicaciones externas de *Microsoft*, como *SharePoint* o *Power BI*, permitiendo así ampliar las posibilidades y funcionalidades que ofrece.

5. Organización de eventos y tareas

☞ **HILO CONDUCTOR**

Con el paso de los días y el proceso de implantación del teletrabajo en marcha, Marta tiene su primer informe de resultados y, sin duda, su elección ha sido un gran acierto, puesto que el calendario de *Google* está teniendo un gran éxito y

Continúa en página siguiente >>

<< Viene de página anterior

los eventos que organizan pueden verse en todo momento, dotando así a todo el proceso de transparencia.

Pero no todo es perfecto, la asignación de tareas no funciona como debería, no se le presta la suficiente atención, así que ha decidido implantar una herramienta más visual, tipo paneles, que facilite e impulse la organización en este sentido, y ha pensado en *Trello*, ya que no supone una inversión inicial para la empresa.

Además de la comunicación, la organización es otro de los aspectos esenciales para que el teletrabajo se desarrolle con éxito.

Para ayudarte a organizarte y coordinarte de forma efectiva con tu equipo de trabajo, existen aplicaciones que son de gran utilidad, como los **calendarios compartidos** (*Google Calendar*, calendario de *Teams, Calendy*, etc.) o los **paneles de tareas** (*Microsoft Planner, Trello*, etc.):

1. ***Google Calendar.*** Es una aplicación que integra calendario y agenda, permitiéndote programar reuniones y eventos, así como tareas, y activar recordatorios. Además, puedes suscribirte a los calendarios de los demás miembros de tu equipo y ver su disponibilidad. Puedes acceder desde *Gmail*, pulsando en **Aplicaciones de Google.** Una vez dentro, verás tu calendario por días, semanas, meses, etc., o la agenda, según tengas configuradas las opciones.

https://redirectoronline.com/fcoi290206

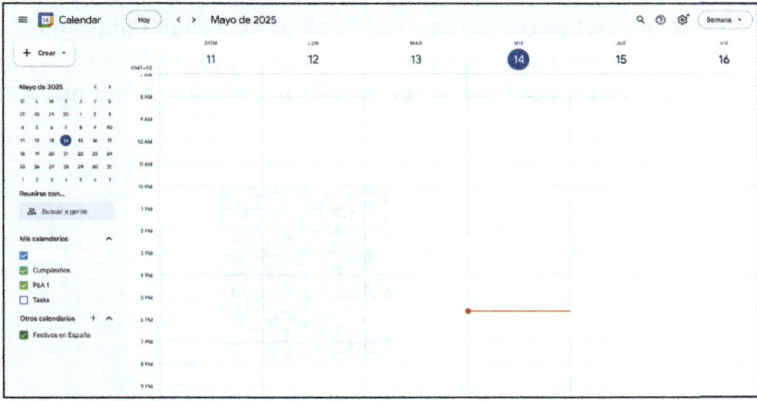

Interfaz de Google Calendar

En la parte izquierda verás estas opciones:

- **Crear:** te permite crear eventos, tareas, calendario de citas o indicar si estás en tiempo de concentración o fuera de la oficina. Solo tienes que pulsar en la opción deseada y completar los datos (título, fecha y hora, invitados, etc.). Para finalizar, pulsa en Guardar.
- **Reunirse con:** te permite ver el calendario de otra persona para ver su disponibilidad y poder programar una reunión. Tan solo tienes que escribir su nombre en la caja de texto.
- **Estadísticas:** te informa del tiempo que estás en reuniones, en concentración, las personas con las que más te reúnes y otros datos estadísticos. Esto te permite ajustar mejor tu horario laboral.
- **Mis calendarios:** con esta opción puedes ver los eventos de tu calendario.
- **Otros calendarios:** con esta opción, pulsando el icono más (+) puedes buscar los calendarios de otras personas y suscribirte a ellos para poder ver en todo momento acceder a ellos. Para que estén visibles, solo tienes que seleccionar la casilla que hay antes del nombre.

2. **Trello.** Es una aplicación que te permite organizar fácilmente proyectos y tareas. Para comenzar a usarlo, tienes que acceder a su página web y registrarte (es gratuito, aunque también tiene una versión prémium). A continuación, pulsa en **Cree su primer tablero.** Aparecerán una serie de ventanas que te irán guiando para configurarlo (nombre, listas, invitados, etc.).

Una vez que termines, puedes acceder a tu espacio de trabajo. Dentro de este verás, en la parte central, el tablero que has creado, en el que puedes añadir listas o tarjetas pulsando en + **Añada una tarjeta** o + **Añada otra lista.** También puedes configurar cada tarjeta pulsando sobre los tres puntos que aparecen junto a ellas. Para cambiarlas de lista, solo tienes que arrastrarlas. En el lateral verás otras opciones para **añadir miembros, configurar el espacio de trabajo** o **crear nuevos tableros.**

https://redirectoronline.com/fcoi290207

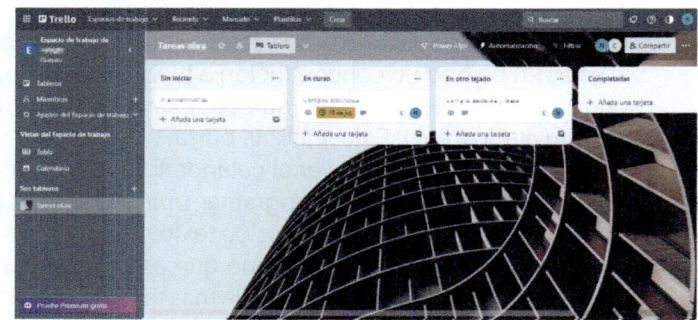

Interfaz de Trello

 SABÍAS QUE...

Microsoft dispone de dos aplicaciones para la gestión de tareas: *To Do* y *Planner*, la primera usada para tareas personales y la segunda para las de equipo. Para proyectos de mayor envergadura, también se puede usar *Microsoft Project.*

6. El día a día en entornos digitales

Como has visto, son muchas las aplicaciones que existen (integradas o no en los *digital workplace)* que pueden ayudarte a que la comunicación y la organización en el teletrabajo se desarrollen de forma adecuada, lo que hará que la experiencia del teletrabajo sea satisfactoria para los empleados y, por tanto, más eficaz y rentable para la empresa.

 **EJEMPLO**

En el equipo de Luisa, responsable de un proyecto que consiste en el desarrollo y la implantación de una nueva aplicación en toda la empresa, van a utilizar un espacio de trabajo digital para la comunicación y coordinación de todos los miembros del equipo.

Observa en estos vídeos cómo sería el día a día de Sofía y Patxi, dos de las personas encargadas de organizar la formación, en caso de usar *Microsoft 365* y en caso de usar *Google Workspace*, respectivamente.

https://redirectoronline.com/fcoi290201

https://redirectoronline.com/fcoi290202

7. Anticipación y solución a los principales problemas del teletrabajo

☞ HILO CONDUCTOR

En el primer informe de seguimiento de implantación del teletrabajo también se han detectado algunos problemas iniciales con la comunicación, ya que, al parecer, no se seguían bien las pautas dadas y se desaprovechaban muchas de las funcionalidades que estaba previsto usar.

Para solventarlo, se han llevado a cabo una serie de *webinars* sobre el buen uso de las aplicaciones, que están contemplados en el plan de teletrabajo establecido. Ahora solo queda esperar al siguiente informe para ver si esta medida ha funcionado.

- -

Los **principales inconvenientes** del teletrabajo, hacen referencia a estos aspectos:

- 1. Problemas de comunicación, colaboración y trabajo en equipo

- 2. Dificultad para establecer límites entre el trabajo y la vida social

- 3. Problemas de supervisión y rendimiento de equipos

- 4. Falta de infraestructura adecuada y necesidades tecnológicas

- 5. Problemas de organización

- 6. Impacto en el ambiente laboral y cultura organizacional

- 7. Riesgos de seguridad

Estos inconvenientes pueden suponer un problema si no se organiza la implantación del teletrabajo y no se planifica bien el proceso. Pero si se tienen en cuenta estos riesgos y se traza un buen plan, es posible **anticiparse a la aparición de estos problemas y prevenirlos o solucionarlos** fácilmente en caso de que finalmente se produzcan.

Para ello, en líneas generales, es importante tener en cuenta lo siguiente:

Preparar la cultura organizacional
- Hay que **preparar la cultura de la empresa para el teletrabajo,** ya que supone un auténtico cambio, y tanto la empresa como los trabajadores deben estar preparados y bien formados técnica y conductualmente para llevarlo a cabo.

Considerar las características de los proyectos y equipos
- Es necesario analizar y **determinar qué proyectos y equipos de personas pueden funcionar** bien en modalidad de teletrabajo.

Detallar los equipos, aplicaciones y medidas necesarias
- Es importante **detallar los equipos** (*hardware*, infraestructura, etc.), las **aplicaciones** (de comunicación, organización, colaboración, etc.) y las **medidas de seguridad** necesarias para que se desarrolle de forma exitosa.

No apresurarse
- Hay que tener en cuenta que **es un proceso complejo,** no se puede implantar de un día para otro, sino con una preparación previa y asegurando su buena marcha y estabilidad.

Así, considerando previamente estos aspectos clave, se podrá evitar que aparezcan los problemas y, si de todas formas aparecieran, se podrán solucionar fácilmente gracias a las medidas concretas previstas.

◁◎▷ EJEMPLO

Si se detectan, como en el caso de Create System, problemas de comunicación, habrá que prestar mayor atención al primero de los aspectos mencionados, la preparación de la cultura organizacional, otorgando a las personas la formación que requieran para que así haya un cambio de mentalidad. Para ello, deberán tenerse previstas medidas concretas.

Además de la celebración de *webinars,* se podrían plantear otras acciones, por ejemplo, una campaña que lance consejos en los espacios de comunicación de la empresa de forma periódica: *newsletter,* blog, etc.

TAREA 2

Rocío es la responsable de un proyecto que han puesto en marcha en su empresa en modalidad de teletrabajo. Para llevar a cabo sus tareas, en su empresa están utilizando *Google Workspace* y *Trello*. En el día de hoy, tiene que hacer lo siguiente:

- Crear un documento y compartirlo con su compañera Aroa.
- Hablar con Aroa por chat para comentarle que ha terminado de editar el documento y le ha dejado comentarios para que los revise.
- Convocar una reunión con Aroa para comentar el contenido del documento y valorar si pueden darlo por definitivo.
- Crear en *Trello* las tareas que tienen que realizar cada una y asignarles fechas.

Además, se ha dado cuenta de que Aroa, al igual que otros miembros del equipo, aunque realice las tareas, no accede a *Trello* para actualizarlas, por lo que siempre tiene que estar preguntado el estado de estas.

Teniendo en cuenta esto, lleva a cabo los procesos que Rocío debe realizar utilizando las aplicaciones necesarias disponibles, según directrices de la empresa. Además, reflexiona sobre la situación existente en torno a la actualización de los paneles de tareas y propón posibles soluciones.

----

8. Resumen

Para implantar el teletrabajo en una empresa es necesario preparar previamente una serie de aspectos: espacio de trabajo, equipamiento y recursos, condiciones y normas bajo las que debe desarrollarse.

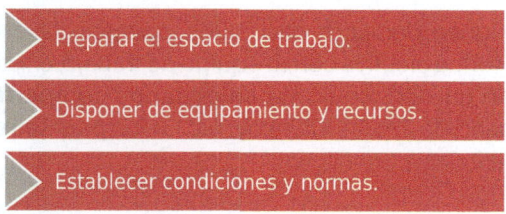

Preparar el espacio de trabajo.

Disponer de equipamiento y recursos.

Establecer condiciones y normas.

Por tanto, implantar el teletrabajo requiere **planificación y organización,** para garantizar que el proceso se desarrolle con éxito.

Para esas tareas de planificación y organización necesarias, existen diferentes **plataformas que pueden ayudarte,** entre las que se encuentran las plataformas de gestión del trabajo, de comunicación *online,* de almacenamiento en la nube y de monitorización.

Además, existen **espacios de trabajo que integran varias de estas herramientas** y permiten disponer de un entorno de trabajo unificado con todo lo necesario para el desarrollo de las tareas diarias: los *digital workplaces* o espacios de trabajo digitales. Entre los más utilizados por las empresas se encuentran *Google Workspace* y *Microsoft 365.*

Cualquiera de estos espacios permite **organizar el proyecto y las tareas** de este, ya que permite lo siguiente:

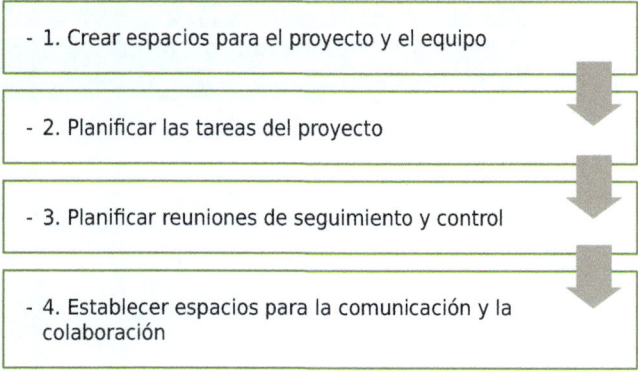

- 1. Crear espacios para el proyecto y el equipo

- 2. Planificar las tareas del proyecto

- 3. Planificar reuniones de seguimiento y control

- 4. Establecer espacios para la comunicación y la colaboración

Uno de los aspectos más importantes es **la comunicación y la colaboración** de los equipos. Para ello, dentro de *Google Workspace* puedes acceder a *Chat y Meet,* y otras aplicaciones para la gestión de documentos como *Google Drive* o *Documentos de Google.* Y *Microsoft 365* cuenta con *Teams,* desde donde puedes acceder a *Equipos, Chat y Llamadas,* así como todas las aplicaciones de *Microsoft* que quieres integrar, como *OneDrive* o *SharePoint* y *Microsoft Office.*

Además, para ayudarte con otro de los aspectos clave, **organizarte y coordinarte** de forma efectiva con tu equipo de trabajo, existen aplicaciones que son de gran utilidad, como los **calendarios compartidos** *(Google calendar,* calendario de *Teams, Calendy,* etc.) o los **paneles de tareas** *(Microsoft Planner, Trello,* etc.).

Todas estas herramientas serán de gran ayuda, pero no es suficiente con disponer de ellas, su uso debe estar bien planificado, por lo que es importante **tener en cuenta los riesgos** existentes y plantear medidas para prevenirlos.

Así, considerando previamente algunos **aspectos clave** en el plan, se podrá evitar que aparezcan los problemas y, si de todas formas aparecieran, se podrán solucionar fácilmente gracias a las **medidas concretas** que deben preverse en dicho plan.

En líneas generales, los aspectos que deben tenerse en cuenta son los siguientes:

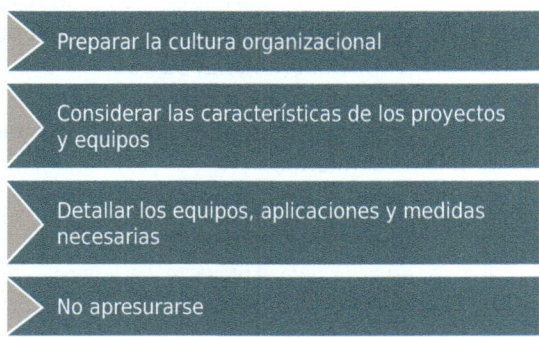

Preparar la cultura organizacional

Considerar las características de los proyectos y equipos

Detallar los equipos, aplicaciones y medidas necesarias

No apresurarse

Ejercicios de autoevaluación
Unidad de Aprendizaje 2

1. ¿Qué acciones previas son necesarias antes de implantar el teletrabajo?

    a. Preparar el espacio de trabajo, el equipamiento y establecer las normas que hay que seguir.

    b. Preparar el espacio de trabajo, el acceso a internet y firmar un contrato de teletrabajo.

    c. Únicamente preparar el equipamiento necesario.

    d. Ninguna, no es necesario realizar ninguna acción previamente, todo se hará durante el desarrollo del trabajo.

2. Indica cuál de las siguientes no es un tipo de plataforma de teletrabajo:

    a. Las plataformas de gestión.

    b. Las plataformas de comunicación *online*.

    c. Las plataformas de monitorización.

    d. Las plataformas de pago *online*.

3. Los *digital workplaces* son:

    a. Los espacios que ofrece *Google* para teletrabajar, es el nombre que los engloba a todos ellos.

    b. Los espacios que ofrece *Microsoft* para teletrabajar, es el nombre que los engloba a todos ellos.

    c. Espacios digitales específicos para la comunicación de equipos, que disponen de aplicaciones de chat y de videoconferencia.

    d. Espacios digitales que integran diferentes herramientas para la organización, la comunicación y la colaboración de equipos.

4. Indica si la siguiente afirmación es verdadera o falsa. "Mediante un *digital workplace* es posible crear espacios para el proyecto y el equipo, así como planificar las tareas del proyecto".

    ■ Verdadero

    ■ Falso

5. Indica si la siguiente afirmación es verdadera o falsa. "Mediante un *digital workplace* se pueden crear espacios para la comunicación y la colaboración del equipo, pero no se pueden planificar reuniones periódicas de seguimiento".

- ■ Verdadero
- ■ Falso

6. Puedes crear un espacio para el equipo de trabajo en *Google* desde la opción...

   a. ... *Chat.*
   b. ... *Meet.*
   c. ... *Teams.*
   d. ... *Mail.*

7. Los canales para la comunicación de equipos es una funcionalidad que ofrece...

   a. ... *Google Drive.*
   b. ... *Microsoft Teams.*
   c. ... *Skype.*
   d. ... *Trello.*

8. ¿Cuál de estas aplicaciones permite organizar fácilmente proyectos y tareas?

   a. *Google Chat*
   b. *Microsoft Office*
   c. *Trello*
   d. *Google Meet*

9. Indica cuáles de los siguientes no es un problema del teletrabajo:

   a. Problemas de comunicación
   b. Problemas de supervisión de equipos
   c. Riesgo de seguridad
   d. Incremento de costes

10. Para anticiparse a la aparición de problemas en el teletrabajo es importante tener en cuenta...

    a. ... el tamaño de la empresa.
    b. ... los recursos económicos de la empresa.
    c. ... la cultura organizacional.
    d. Todas las opciones son incorrectas.

Gestión eficaz del teletrabajo

Contenido

Objetivos

El objetivo general de esta Unidad de Aprendizaje es:

→ Aplicar estrategias que permitan gestionar de manera efectiva el teletrabajo, con el fin de optimizar la productividad y el rendimiento.

Los objetivos específicos de esta Unidad de Aprendizaje son:

→ Conocer los aspectos que influyen en una gestión eficaz del teletrabajo.

→ Organizar correctamente las tareas para desarrollar la actividad laboral de forma eficiente y con los niveles de calidad requeridos.

→ Aplicar técnicas de gestión del tiempo para un mejor desempeño de las tareas.

→ Aplicar medidas para el bienestar emocional en el teletrabajo.

→ Conocer los efectos que una gestión eficaz del teletrabajo tiene en su desempeño y los factores esenciales para hacerlo posible.

1. Introducción

En un mundo cada vez más digitalizado, el teletrabajo se ha convertido en una modalidad laboral ampliamente adoptada. Sin embargo, para obtener los mejores resultados y garantizar el bienestar de los trabajadores, es fundamental contar con una **gestión eficaz y adaptada** a esta modalidad de trabajo.

Para llevar a cabo esa gestión es importante considerar **diferentes aspectos,** entre los que destacan la gestión del tiempo y el bienestar de los trabajadores, con el fin de establecer **pautas y recomendaciones** al respecto.

A lo largo de la unidad verás detalladamente cuáles son los aspectos clave que hay que considerar, así como una serie de técnicas y recomendaciones para abordar algunos de esos aspectos.

Para ello, seguirás el caso de Create System, una empresa de desarrollo de *software* que está llevando a cabo un plan de implantación del teletrabajo. En ella trabaja Iker, que está adaptándose a la nueva situación y solventando algunos de los problemas con los que se ha encontrado.

2. Aspectos clave en el teletrabajo

 **HILO CONDUCTOR**

Iker trabaja en Create System, empresa en la que han implantado el teletrabajo recientemente. Ya se ha acostumbrado a la forma de comunicación en esta modalidad y colabora con su equipo de forma efectiva y, aunque ha notado que puede conciliar mejor y los resultados de su trabajo son buenos, hay veces que siente que no aprovecha el tiempo como debiera. Siente que, al estar en casa, tiene muchas más distracciones y se pasa el tiempo volando, tanto que, al terminar la jornada, muchas veces ni siquiera ha completado sus tareas, etc.

Por eso lo ha comentado con Marta, la gerente, que le ha recomendado apuntarse al programa de bienestar en el teletrabajo que van a poner en marcha, en el que se abordarán las pautas y técnicas que pueden seguir para prevenir situaciones como las de Iker.

Para llevar a cabo una gestión eficaz en el teletrabajo y, por tanto, maximizar la productividad y el bienestar de los empleados, es importante considerar **diferentes aspectos** y establecer **pautas y recomendaciones** al respecto:

Canales de comunicación y disponibilidad
- Es necesario establecer canales de comunicaciones eficaces, pero, sobre todo, dar indicaciones claras sobre lo que se espera en cuanto a disponibilidad y tiempos de respuesta.

Metas y objetivos
- Uno de los aspectos más importantes es definir metas que sean claras y medibles que permitan a los miembros del equipo saber qué se espera de ellos, además de establecer plazos realistas para su cumplimiento y hacer un seguimiento del progreso.

Límites y rutinas
- Aunque esto depende de cada persona, es importante por parte de la empresa fomentar la adopción de rutinas diarias mediante el establecimiento de franjas horarios de trabajo (no horarios inflexibles) o las recomendaciones sobre descansos programados, contempladas en la prevención de riesgos.

Provisión de recursos y herramientas
- Es importante asegurarse de que los trabajadores tengan acceso a las aplicaciones, los recursos y el apoyo necesarios (del equipo, soporte tecnológico, etc.) para realizar su trabajo eficazmente.

Gestión del tiempo
- La empresa debe fomentar la autogestión y la autonomía de los empleados para que puedan organizarse y gestionar su tiempo de la mejor manera posible. Pueden ayudarlos con formación en este aspecto, el uso de aplicaciones de control de tiempos o dando información clara sobre tiempos de dedicación y plazos de entrega de los trabajos.

Salud emocional
- El bienestar emocional es un aspecto fundamental en el teletrabajo, ya que puede presentar grandes desafíos en este sentido. La empresa puede proporcionar apoyo mediante programas de bienestar, recomendaciones de pautas y recursos, o sesiones de mentoría y *coaching*.

Mecanismos de evaluación
- Es importante que el proceso se evalúe de forma periódica y se recibe retroalimentación por parte de las personas implicadas. Esto puede hacerse mediante reuniones periódicas, encuestas de satisfacción, evaluaciones de desempeño, etc., lo que permitirá conocer la situación y mejorar los aspectos que sea necesario.

A continuación, verás una serie de técnicas y recomendaciones para abordar algunos de estos aspectos.

3. Comprensión de la trascendencia de sus funciones

Uno de los aspectos más importantes a la hora de poner en marcha un proyecto es definir bien todos los elementos de este, **darlo a conocer de forma global** entre las personas que participen en él y **precisar el papel que cada miembro** del equipo desempeña, determinando las metas y los objetivos que deben cumplir.

Solo así, teniendo una idea general del proyecto, las personas van a ser conscientes de la importancia que juegan en su desarrollo y la trascendencia de sus funciones para el éxito del proyecto, especialmente si se desempeña en modalidad de teletrabajo, en la que es fundamental hacer que la persona se sienta integrada y parte de la organización.

Es imprescindible tener una visión global del proyecto para comprender la trascendencia de tus funciones y enfocarte en la consecución de objetivos.

Con esa visión global, es más fácil que las personas sientan que son parte importante del proyecto y así no realizarán sus tareas de forma aislada, sino teniendo un **objetivo concreto y orientado sus acciones** a alcanzar el éxito del proyecto.

En este sentido, es importante que sus objetivos estén bien definidos, para que tengan siempre una guía y orientación clara sobre lo que se espera.

IMPORTANTE

Los objetivos deben ser claros y medibles, de forma que los miembros del equipo sepan en todo momento qué se espera de ellos, y deben plantearse dentro de un plazo realista que sea posible de cumplir.

- -

3.1. Definición de metas y objetivos

Para definir los objetivos, se puede usar la **metodología SMART** (acrónimo de sus siglas en inglés). Según esta, los objetivos deben ser:

También ayudará hacer un **seguimiento del progreso,** por ejemplo, una reunión semanal o quincenal, así, se reorientan las acciones y se redefinen objetivos, en caso necesario, y se ayuda a mantener el enfoque y la productividad.

PARA SABER MÁS

Escanea el siguiente QR para ver algunos ejemplos de aplicación de la metodología SMART en un campo específico:

Continúa en página siguiente >>

<< Viene de página anterior

https://redirectoronline.com/fcoi290301

 APLICACIÓN PRÁCTICA

Como has visto, la definición clara de objetivos es un aspecto muy importante para las personas que participan en un proyecto. ¿Sabrías indicar qué es lo que hace este aspecto fundamental?

Solución

Es importante que las personas sientan que son parte importante del proyecto, para así no realizar sus tareas de forma aislada, sino teniendo un **objetivo concreto y orientando sus acciones** a alcanzar el éxito del proyecto.

En este sentido, es importante que sus objetivos estén bien definidos, para que tengan siempre una guía y orientación clara sobre lo que se espera de ellos.

---

4. Gestión del tiempo

 HILO CONDUCTOR

Tras apuntarse el programa de bienestar, Iker está probando la matriz de Eisenhower, una de las técnicas que han visto para la gestión del tiempo, y la verdad es que siente que se organiza mucho mejor. Habrá que ver cómo repercute en su trabajo a medio y largo plazo.

La gestión del tiempo es un aspecto crucial en la gestión de proyectos, especialmente en el teletrabajo, donde hay aún más **ladrones de tiempo** si cabe:

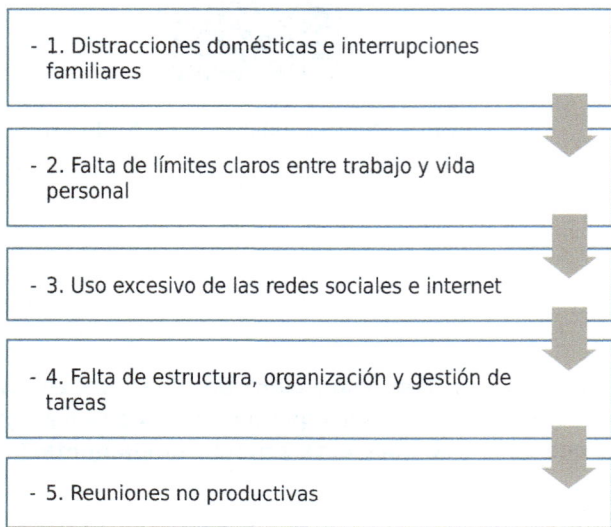

- 1. Distracciones domésticas e interrupciones familiares

- 2. Falta de límites claros entre trabajo y vida personal

- 3. Uso excesivo de las redes sociales e internet

- 4. Falta de estructura, organización y gestión de tareas

- 5. Reuniones no productivas

Por ello, es importante, desde la empresa, **fomentar la autogestión y la responsabilidad** por parte de los trabajadores, lo contrario, estar bajo constante vigilancia y control, puede ser contraproducente, puesto que puede generar estrés y malestar que puede afectar a la productividad.

4.1. Técnicas de gestión del tiempo

Desde la empresa se pueden facilitar diferentes **estrategias:**

1. **Fomentar el uso de técnicas de gestión del tiempo.** Algunas técnicas de gestión del tiempo son estas:

   ☉ **Técnica *pomodoro:*** consiste en trabajar en intervalos de tiempo determinados, que suelen ser de 25 min, seguidos de un pequeño descanso de 5 min. Después de completar cuatro ciclos así, se toma un descanso más largo, de 15 a 30 min.
   ☉ **Matriz de Eisenhower:** consiste en clasificar las tareas según su importancia y su urgencia, dividiendo las tareas en cuatro categorías: importante y urgente, importante pero no urgente, urgente pero no

importante, y ni urgente ni importante. Tras clasificarlas, se priorizan las tareas importantes y urgentes.

◉ **Técnica del** *batching:* consiste en agrupa tareas similares y realizarlas en un tiempo determinado. Por ejemplo, dejar un mismo bloque de tiempo para responder correos electrónicos o realizar llamadas telefónicas, en lugar de hacerlo de forma intermitente a lo largo del día.

◉ *To-Do list:* consiste en crear una lista de tareas pendientes y ordenarlas según su prioridad. Al comienzo de cada día, se revisa la lista y se seleccionan aquellas tareas más importantes para completarlas primero.

◉ **Técnica de la lista de los tres:** consiste en identificar tres tareas prioritarias y concentrarse en ellas antes de dedicarse a otras menos importantes.

2. **Usar aplicaciones de seguimiento del tiempo.** Estas aplicaciones, usadas como complemento y no como una forma de control, pueden ayudar los trabajadores a realizar un seguimiento de su tiempo y las actividades que realizan, proporcionando información valiosa para identificar áreas de mejora en la gestión del tiempo.

3. **Establecer expectativas claras sobre los plazos y los entregables.** Si los trabajadores reciben esta información, tendrán claro qué se espera de ellos, qué entregar y cuándo, de ese modo podrán planificarse mejor, priorizando de forma efectiva, y no dedicarán su esfuerzo a tareas irrelevantes.

 ## ACTIVIDAD COMPLEMENTARIA

3. ¿Has usado alguna de estas técnicas alguna vez? ¿Conoces alguna otra técnica de gestión del tiempo? Comenta otras técnicas de gestión del tiempo.

5. Salud emocional

El teletrabajo puede suponer un **gran desafío emocional,** generando estrés añadido y afectando al bienestar emocional de los empleados.

Por eso es importante ofrecer apoyo en este sentido, por ejemplo, mediante programas de bienestar, recomendaciones de pautas y recursos, o sesiones de mentoría y *coaching*.

Estos son algunos de los **consejos** que puedes seguir para cuidar tu salud emocional en el teletrabajo:

Interactúa	- Mantén el contacto con tu equipo de trabajo.
Vístete	- No te quedes en pijama todo el día.
Establece horarios	- Respeta un horario laboral y aprende a desconectar.
Prioriza la calidad	- Es mejor que un trabajo bien hecho que dedicar muchas horas.
Trabaja de forma más relajada	- Trabajar intensamente no es trabajar mejor.

 PARA SABER MÁS

Escanea el QR para consultar el estudio realizado sobre los efectos del teletrabajo en la salud de las personas trabajadoras:

https://redirectoronline.com/fcoi290302

6. Conocimiento de los efectos de una gestión eficaz sobre el desarrollo del trabajo

☞ HILO CONDUCTOR

Sin duda, las técnicas aplicadas y los consejos que ha seguido para cuidar su salud emocional han hecho que Iker trabaje mejor y sea más productivo. De hecho, ha sido una de las cosas por las que lo han felicitado en la evaluación del desempeño de este año, ¡incluso ha tenido una subida de salario!

Así que, al final, lo ha conseguido, se han disipado todas sus dudas iniciales y se ha adaptado al teletrabajo. Aun en la distancia, se siente parte de la empresa y comprometido con esta, lo que es muy positivo para ambas partes: cuanto más contento esté un trabajador, mayor productividad y rentabilidad dará.

- -

Una gestión eficaz provoca un efecto positivo sobre el desarrollo del trabajo. Con una buena organización, el desarrollo de las tareas bien planificadas y el tiempo bien gestionado, se producen **grandes beneficios** para los trabajadores, como el **ahorro de tiempo** y la oportunidad de **conciliación** de la vida laboral y personal, lo que hace que estén más motivados y, por tanto, aumente su **dedicación y responsabilidad** en el desempeño de sus tareas.

Todo ello hace que las personas estén más satisfechas con tu trabajo, lo que lleva a una mayor **productividad y rentabilidad** para la empresa, y esto es posible, en gran medida, gracias a dos factores principalmente:

> 1. Las herramientas y la tecnología existentes hoy en día.

> 2. El esfuerzo que las empresas hacen para integrar esta forma de trabajo en su cultura organizacional.

Gracias a la suma de ambos factores se consigue:

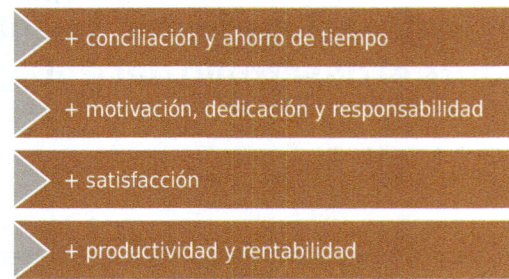

 **TAREA 3**

Ricardo es el encargado del desarrollo de un plan de teletrabajo para su empresa y está analizando todo lo que debe tener en cuenta para poder llevar a cabo una gestión eficaz, puesto que todos los factores que afecten al desempeño del trabajo, así como las medidas y los procesos que deben adoptar, deben quedar previstos y definidos en dicho plan.

Teniendo en cuenta esto, tienes que identificar los factores que influyen en esa gestión y describir los procesos y las técnicas de organización de tareas, gestión del tiempo, fomento del bienestar, etc., que se aplicarán, en caso necesario.

Asimismo, elabora un documento de presentación del plan que recibirán los responsables de cada equipo de trabajo en el que destaque la importancia de esa gestión, detallando los efectos positivos que esta puede tener. El objetivo de este documento es concienciar sobre la importancia de esta labor y que los responsables puedan transmitírselo de forma adecuada a su equipo.

7. Resumen

Para llevar a cabo una gestión eficaz del teletrabajo es importante considerar **diferentes aspectos,** con el fin de establecer **pautas y recomendaciones** al respecto.

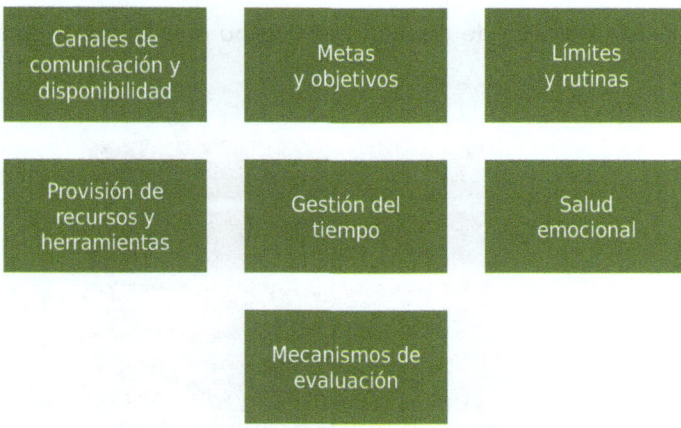

Entre ellos destacan el establecimiento de unas metas claras, la gestión del tiempo y el bienestar de los trabajadores.

Para definir los objetivos, se puede usar la **metodología SMART** (acrónimo de sus siglas en inglés). Según esta, los objetivos deben ser **específicos, medibles, alcanzables, realistas y temporales.**

Desde la empresa se pueden facilitar diferentes **estrategias para la gestión del tiempo,** como el fomento de **técnicas de gestión** del tiempo, el uso de **aplicaciones de seguimiento** o el establecimiento de **expectativas sobre plazos y entregables.**

Entre las **técnicas de gestión del tiempo** que pueden usarse están las siguientes:

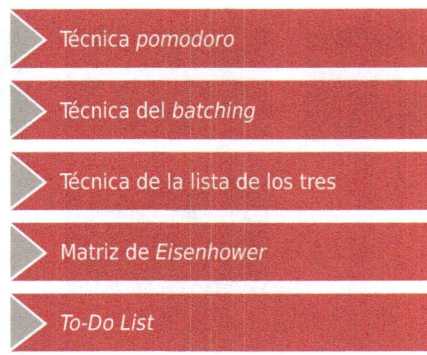

Otro de los aspectos más importantes es la **salud emocional.** El teletrabajo puede suponer un **gran desafío** en este sentido, por lo que la empresa debe ofrecer apoyo mediante programas de bienestar, recomendaciones de pautas y recursos, o sesiones de mentoría y *coaching.*

Abordando todos esos aspectos, la empresa podrá conseguir una gestión eficaz que traerá consigo **grandes beneficios** para los trabajadores, como el **ahorro de tiempo** y la oportunidad de **conciliación** de la vida laboral y personal, lo que hace que estén más motivados y, por tanto, aumente su **dedicación y responsabilidad** en el desempeño de sus tareas, lo que provocará un efecto positivo sobre el desarrollo del trabajo, obteniendo mayor **productividad y rentabilidad.**

Ejercicios de autoevaluación
Unidad de Aprendizaje 3

1. **¿Cuál de los siguientes aspectos no es necesario tener en cuenta para llevar a cabo una gestión eficaz en el teletrabajo?**

    a. Canales de comunicación y disponibilidad
    b. Gestión del tiempo
    c. Salud emocional
    d. Situación económica de la empresa

2. **Determina si la siguiente oración es verdadera o falsa: "Es necesario establecer canales de comunicación eficaces, pero, sobre todo, dar indicaciones claras sobre lo que se espera en cuanto a disponibilidad y tiempos de respuesta".**

    ■ Verdadero
    ■ Falso

3. **Indica si la siguientesafirmación es verdadera o falsa. "No es necesario establecer mecanismos de evaluación al implantar el teletrabajo, ya que la empresa determinará las condiciones que deben cumplirse".**

    ■ Verdadero
    ■ Falso

4. **Para comprender la transcendencia de sus funciones los trabajadores deben...**

    a. ... conocer los resultados y beneficios que obtiene la empresa anualmente.
    b. ... realizar las tareas que le asigne la persona responsable cuándo y cómo les digan.
    c. ... conocer la globalidad del proyecto, para así saber el papel que desempeñan en él.
    d. ... preguntar si quiere saberlo, pero no es necesario para el desarrollo de su trabajo.

5. Para definir los objetivos se puede usar...

    a. ... la metodología SMART.
    b. ... la metodología *agile*.
    c. ... la técnica *pomodoro*.
    d. ... la técnica del *batching*.

6. Los objetivos deben ser...

    a. ... específicos, medibles, alcanzables, realistas y temporales.
    b. ... generales, medibles, alcanzables, realistas y temporales.
    c. ... específicos, breves, realistas y temporales.
    d. ... específicos, medibles, alcanzables, realistas y de duración ilimitada.

7. Determina si la siguiente oración es verdadera o falsa: "Las reuniones no productivas son uno de los principales ladrones de tiempo que afectan al teletrabajo".

    a. Verdadero
    b. Falso

8. ¿Qué técnica consiste en trabajar en intervalos de tiempo determinadas seguidos de un pequeño descanso y, después de cuatro ciclos, tomar un descanso más largo?

    a. Técnica del *batching*
    b. Técnica *pomodoro*
    c. Matriz de Eisenhower
    d. Técnica de la lista de los tres

9. ¿Qué técnica consiste en clasificar las tareas según su importancia y su urgencia?

    a. Técnica del *batching*
    b. Técnica *pomodoro*
    c. Matriz de Eisenhower
    d. Técnica de la lista de los tres

10. Para cuidar la salud emocional durante el teletrabajo es importante…

a. … no establecer horarios de trabajo, ya que estos no permiten adaptarse al día a día.

b. … trabajar intensamente, para aumentar la productividad.

c. … no quedarse todo el día en pijama, hay que vestirse al iniciar la jornada.

d. Todas las opciones son incorrectas.

Glosario

Ciberseguridad
Medidas diseñadas para proteger los sistemas y dispositivos informáticos, así como los datos que almacenan, de amenazas y ataques cibernéticos, con el fin de garantizar la confidencialidad, la integridad y la disponibilidad de la información.

Coaching
Proceso de acompañamiento en el que se orienta a la persona para su desarrollo personal o profesional, o en determinados aspectos que lo necesite, para superar obstáculos y maximizar su potencia.

Competencias digitales
Conjunto de conocimientos, habilidades y capacidades necesarias para utilizar de manera efectiva las tecnologías digitales en diversos contextos.

Conciliación
En el ámbito laboral, hace referencia al equilibrio entre los aspectos de la vida personal y los de la vida profesional, a la compaginación y armonía entre ambos.

Cultura organizacional
Conjunto de valores, creencias, normas (explícitas e implícitas), comportamientos y actitudes compartidos en una organización. Es lo que define el ambiente de trabajo y cómo se hacen las cosas en la empresa.

Digital workplaces
Espacios de trabajo digitales que integran varias herramientas para el teletrabajo y permiten disponer de un entorno de trabajo unificado con todo lo necesario para el desarrollo de las tareas diarias.

Ergonomía
Disciplina encargada del estudio y diseño de los productos y espacios para que se adapten de manera óptima a las necesidades humanas, con el fin

de mejorar la seguridad, el bienestar y la eficiencia en el desarrollo de las actividades diarias.

Evaluación de desempeño

Proceso que se realiza de forma periódica para medir y evaluar el rendimiento de los empleados.

Freelance

Modalidad de trabajado autónomo en el que la persona ofrece sus servicios a diferentes empresas sin tener una relación laboral fija con ellas.

Hardware

Parte física de un equipo informático o componentes de este, como la pantalla, el teclado, el disco duro, la CPU (unidad central de procesamiento), etc.

Ladrones de tiempo

Distracciones, interrupciones o hábitos en los que se emplea tiempo de manera improductiva, desperdiciándolo, lo que afecta a la eficiencia y la productividad.

Modelo híbrido

Modelo de trabajo que combina el trabajo remoto con la presencia en la oficina.

Nube

La informática en la nube, o *cloud computing,* hace referencia a un modelo en el que el acceso a los servicios informáticos se realiza a través de internet, pudiendo así tener disponibilidad de espacios, aplicaciones y recursos sin necesidad de tener infraestructura local.

Onboarding

Proceso de acogida, incorporación e integración de un nuevo empleado al llegar a la empresa.

Plataformas de almacenamiento en la nube

Herramientas o aplicaciones que permiten almacenar archivos en espacios virtuales y compartirlos con el equipo de trabajo.

Plataformas de comunicación *online*

Herramientas o aplicaciones que permiten la comunicación del equipo, en la mayoría de los casos, de forma instantánea mediante mensajes de chat, llamadas o videollamadas.

Plataformas de gestión del trabajo
Herramientas o aplicaciones que permiten organizar los proyectos en desarrollo y llevar un seguimiento de estos.

Plataformas de monitorización
Herramientas o aplicaciones que permiten hacer un seguimiento y control de las tareas.

Plataformas de teletrabajo
Herramientas o aplicaciones *online* que permiten a las personas trabajadoras ejecutar sus tareas desde cualquier lugar.

Productividad
Es la capacidad de alcanzar los objetivos previstos u obtener los resultados deseados utilizando los recursos o medios disponibles de manera eficiente.

Rentabilidad
Es la capacidad de generar ingresos o beneficios económicos teniendo en cuenta la comparación de estos con la inversión realizada. Es una medida de eficacia económica.

Salud emocional
Estado de bienestar mental, psicológico y emocional en el que se encuentra una persona.

Software
Parte intangible de un equipo informático, formada por el conjunto de programas, aplicaciones, instrucciones y datos que hacen que funcione.

Suscripción
Modelo de negocio que se caracteriza por realizar el pago de un servicio de forma recurrente (mensual o anual) para recibirlo durante ese tiempo.

Técnicas de gestión del tiempo
Aquellas que se usan para ayudar a mejorar la planificación, la organización y la utilización eficiente del tiempo mediante la gestión adecuada de tareas, prioridades y plazos.

Teletrabajo
Modalidad laboral en la que los empleados llevan a cabo sus tareas profesionales desde casa o cualquier otro lugar fuera de la oficina tradicional de la empresa.

TIC

Las Tecnologías de la Información y la Comunicación son un conjunto de herramientas tecnológicas que se utilizan para procesar, transmitir, almacenar y gestionar información, permitiendo así el acceso a la información, así como la comunicación y el intercambio de conocimientos.

Trabajo colaborativo

Modelo de trabajo en el cual las personas trabajan de forma conjunta, participando activamente y cooperando entre sí para alcanzar una meta común.

Webinar

Seminario web o evento que se realiza *online* y en tiempo real. En él se aborda un tema concreto y se permite que los asistentes participen e interactúen a través de la red.

Bibliografía

Monografías

→ LLAVINA Aguilar, X., PIQUERAS, C., LLORET, P., GONZÁLEZ, O., ÁLVAREZ, M., NAVARRO, N., POUS Raventós, E., RODRÍGUEZ Fornós, C., ARRANZ, L. I., SÁNCHEZ, D., MARTÍNEZ Ruíz, P. y AMAT, O.: *Teletrabajo: vivir y trabajar mejor.* Barcelona: Profit, 2020.

> Libro en el que se abordan los elementos clave del teletrabajo y se describen buenas prácticas para su desarrollo.

→ STEFFENS, G. y CADIAT, A.: *Los criterios SMART: El método para fijar objetivos con éxito.* Bruselas: Plurilingua Publishing, 2016.

> Obra que aborda de forma práctica la definición de objetivos con la metodología SMART.

→ VARELA, A.: *Teletrabajo: guía práctica.* Madrid: Ra-Ma, 2020.

> Libro que pretende ser una guía útil para orientar a trabajadores y empresas que vayan a realizar teletrabajo.

Textos electrónicos, bases de datos y programas informáticos

→ Aumentar la productividad con Microsoft Teams, de: < https://www.microsoft.com/es-es/microsoft-teams/group-chat-software/>.

> Página de *Microsoft* en la que se muestran las funcionalidades que tiene.

→ Características del teletrabajo, de:
<https://trabajoyprevencion.jcyl.es/web/jcyl/TrabajoYPrevencion/es/Plantilla100Detalle/1262861813995/Publicacion/1285221970483/Redaccion>.

> Infografía de la Consejería de Industria, Comercio y Empleo. Dirección General de Trabajo y Prevención de Riesgos Laborales. Centro de Seguridad y Salud Laboral. Junta de Castilla y León.

→ Cómo pueden los equipos comunicarse, crear contenido y colaborar, cualquiera que sea su tamaño, de: <https://workspace.google.com/>.

> Página de Google Workspace en la que se muestran las funcionalidades que tiene y desde dónde se puede acceder a varios artículos e informes.

→ Noticias teletrabajo, de: <https://entelgy.com/>.

> Sección de noticias de la empresa Entelgy, en la que se muestran los artículos que hablan sobre teletrabajo. Esta empresa, que ha implantado esta modalidad con éxito, habla sobre los desafíos que presenta, recomendaciones, la preparación del entorno, etc.

→ Pros y contras del teletrabajo en la salud física y mental de la población general trabajadora: una revisión narrativa exploratoria, de: <https://scielo.isciii.es/scielo.php?script=sci_arttext&pid =S1578-25492022000200007>.

> Artículo en el que se realiza una revisión de los estudios realizados sobre los efectos del teletrabajo en la salud física y mental de las personas teletrabajadoras, aportando interesantes resultados y valoraciones.

→ Qué son los objetivos SMART y para qué sirven, de: <https://www.unir.net/revista/marketing-comunicacion/objetivos-smart/>.

> Artículo en el que se explica la metodología SMART y se muestran algunos ejemplos aplicados a un campo específico.

→ Valoración (escala de 0 a 10) a nivel general, profesional y particular sobre la experiencia del teletrabajo, de: <https://www.ine.es/jaxi/Datos.htm?tpx=50165#!tabs-tabla>.

> Encuesta del INE sobre la valoración, a nivel general, acerca de la experiencia del teletrabajo.